MICHAEL HARSLEM

...im Fluss...

Gespräche über
Entwicklungsbegleitung

Verlag am Goetheanum

MICHAEL HARSLEM

...im Fluss...

Gespräche über Entwicklungsbegleitung
mit Magdalena Linnepe-Palm
und Raymond di Ronco

Akademie für Entwicklungsbegleitung
von Menschen und Organisationen e.V.

Vorwort

Michael Harslem wird 80 Jahre alt! Seit 38 Jahren arbeitet er als Entwicklungsbegleiter an Waldorfschulen und anderen sozialen Einrichtungen. Vor 30 Jahren hat er die „Entwicklungsbegleitung von Menschen und Organisation" begründet und seitdem weiterentwickelt. Das war für uns Anlass, zurück zu blicken auf die Wege, die er beschritten und auch bereitet hat.

Michael hat die Ideen von Entwicklung, von Entwicklungsbegleitung, wie sie im NPI in den Niederlanden ursprünglich von Bernard Lievegoed vertreten wurden, früh aufgenommen und nach Deutschland geholt. In Zusammerbeit mit Fritz Glasl und Harald Jäckel entstand so ab 1995 die erste Ausbildung für „Entwicklungsbegleiter von Menschen und Organisationen" speziell ausgerichtet auf die Waldorfbewegung und die anthroposophischen Einrichtungen. Sein Ansatz zeichnet sich dadurch aus, dass er konsequent an der Situation der Klienten ansetzt, seiner Begleitung kein Modell zugrunde legt und seine Klienten auch in der Umsetzung begleitet.

Schon bald folgten die 2. und 3. Ausbildung, bereits unter dem Dach der von ihm initiierten „Akademie für Entwicklungsbegleitung von Menschen und Organisationen e. V.". Kurz darauf entstand, ebenfalls als Impuls aus der Akademie, das Forum Entwicklungsbegleitung, das zweimal jährlich ein Treffpunkt für alle ausgebildeten Entwicklungsbegleiterinnen und Entwicklungsbegleiter wurde und ist.

Die Ausbildungen 4 und 5 wurden von HuRaBi GbR (Hubert Staneker – Raymond di Ronco – Birgit Abraham-Schönecker) durchgeführt und verantwortet. Die GbR ging dann 2023 über in SICOM, Entwicklungsbegleitung von Menschen und Organisationen eG. In der neuen Form einer Genossenschaft hoffen wir nun, die geeignete Grundlage für unsere Zusammenarbeit der Entwicklungsbegleiterinnen und Entwicklungsbegleiter gefunden zu haben.

Angeregt durch das Buch „Gartengespräch über Entwicklungsfragen" von Günther Karner mit Friedrich Glasl führte uns die Tatsache, dass im Mai 2024 SICOM nun mit einem Symposion mit Claus Otto Scharmer, dem Erfinder der U-Theory, an die Öffentlichkeit treten wird, zu der Idee, die „Geschichte der Entwicklungsbegleitung" aus der Perspektive des Impulsgebers Michael Harslem festzuhalten und zugänglich zu machen.

In einer schönen Zusammenarbeit von Magdalena Linnepe-Palm (Absolventin des 5. Ausbildungsgangs), die diesen Impuls sofort geteilt hat, Raymond di Ronco (Absolvent des 1. Ausbildungsgangs) und Michael Harslem ist nun unser Buch entstanden, das wir allen Freunden der Entwicklungsbegleitung wärmstens empfehlen können. Wir beide haben in unseren Gesprächen mit Michael versucht, den Kern und die Hintergründe seiner Arbeit aufzudecken. Wir hoffen, dass darin sichtbar wird, dass es Michael immer vor allem um die zukünftigen Kinder geht. In diesem Sinne hilft er den Erwachsenen, fähig zu werden, diesen den notwendigen machtfreien Raum zu geben, um sich als Kind und Jugendlicher, aber auch als Erwachsener seinen inneren Impulsen gemäß entwickeln zu können.

So ist er für uns im besten Sinne des Wortes Lehrer. Das gilt auch für die, die er zu Entwicklungsbegleitern und Entwicklungsbegleiterinnen ausgebildet hat.

Er hat von Anfang seine Methoden, seine Erfahrungen und seine Werte geteilt und uns Nachfolgenden zugänglich gemacht. Und so überlässt er uns, wie ein Stadtplaner, der er ursprünglich einmal war, ein gut bestelltes Gelände, auf dem wir jetzt weiter bauen können.

März 2024
Magdalena Linnepe-Palm und Raymond di Ronco

P.S. Zwei Tage vor Drucklegung ist Raymond di Ronco über die Schwelle getreten. Er hat den Impuls zu diesem Buch gesetzt. Wir sind dankbar, dass er seine Realisierung noch erleben konnte. Nun sind wir seiner Unterstützung aus der geistigen Welt gewiss.

Einstieg

Michael Harslem (MH): Herzlich willkommen, liebe Magdalena, lieber Raymond, hier in unserem kleinen Paradies am Fluss. Hier haben wir von 1967 bis 1971 gewohnt und sind dann nach weiteren Stationen, zwei Jahre in Stuttgart, vier Jahre in Bodman am Bodensee und 21 Jahre in Überlingen-Deisendorf, im Jahr 1998 wieder hierher zurückgekehrt. Wir sind meinem Schwiegervater jeden Tag dankbar, dass er dieses Anwesen 1956 erworben und umgebaut hat und dass meine Frau es erben durfte. Als erstes werden wir einen Spaziergang durch unseren schönen Garten und am Fluss entlang machen, damit ihr gut hier ankommen könnt.

Wir leben hier im Naturschutzgebiet, 300 Meter entfernt vom nächsten Nachbarn und dem kleinen Weiler mit zehn Häusern, zu denen wir allen guten Kontakt haben. Im Laufe der 24 Jahre, die wir jetzt wieder hier leben, haben wir unser Grundstück mit seinen ca. 15 000 Quadratmetern und 200 Metern Flussufer Stück für Stück mit unseren eigenen Händen kultiviert und in einen Park verwandelt.

Raymond di Ronco, Magdalena Linnepe-Palm und Michael Harslem

In dieser Zeit hat sich der Garten ständig verwandelt – weiter entwickelt –, weil die verschiedenen Pflanzen uns gezeigt haben, wo sie wachsen wollen. Sie haben sich auch ständig vermehrt, sodass wir immer wieder neue Plätze für sie gesucht haben. Alles, was ihr hier seht, Wege, Trockenmauern und Treppen, haben wir selbst geplant und gebaut. Ihr werdet überall, wo es zum Verweilen einlädt, Sitzplätze finden mit besonderen Ausblicken und speziellen Umgebungen.

Ein besonderes Verhältnis habe ich zu unserem Fluss, der Alz. Sie kommt aus dem Chiemsee. Als Tiroler Aachen, die sich in den Chiemsee hinein auflöst, fließt sie hinein, und als Alz kommt sie wieder heraus. Dadurch ist sie sehr viel gemäßigter als die Flüsse, die direkt aus den Alpen kommen, wie die benachbarte Traun, und bei Regen oder Schneeschmelze sehr schnell großes Hochwasser führen können, was auch wieder schnell abklingt. Durch den Chiemsee bekommen wir in der Alz das alles gemäßigter, aber auch länger mit. Das Hochwasser steigt langsamer, aber beständig und geht auch langsamer wieder zurück. Da die Alz ein Ausfluss des Chiemsees ist, hat sie immer Chiemseetemperatur, während die Flüsse, die direkt aus den Bergen

kommen, im Sommer nicht über 16 Grad bekommen, ist die Alz oft 23 oder 24 Grad warm. So nutzen wir sie mehrfach am Tag, um uns in dem Wasser zu erfrischen und zu schwimmen. Dabei steht mir immer wieder vor Augen: Du steigst nie in den gleichen Fluss! Unaufhörlich fließt er seit Jahrtausenden, seitdem der Chiemseegletscher abgeschmolzen ist, aus den Bergen hin zum Meer.

Wenn wir hier in den Fluss schauen, sehen wir: Er ist ständig in Bewegung, nie in Ruhe und doch kann man bei näherem Betrachten auch Ruhe in der Bewegung finden. In den vielfältigen Formen des Wassers kann ich die Elementarwesen, die Nymphen ahnen. Die Sonnenstrahlen malen im Zusammenspiel mit den kleinen und großen Wellen und Wirbeln ständig wechselnde Figuren auf den Untergrund. In den Bewegungen der Oberfläche wirken die Elementarwesen der Luft mit dem Wasser zusammen. Schaue ich ins Wasser, zeigen sich mir die verschiedenen Fische, große und kleine, die mit ihrer ganz besonderen Art sich zu bewegen wie mit den Strömungen spielen.

Auch hier kann ich ständig Entwicklung und Metamorphose beobachten. Die großen jahreszeitlichen Bewegungen des Flusses: Hochwasser, mittleres Wasser, Niedrigwasser. Bei Niedrigwasser fließt sie

Raymond di Ronco und Michael Harslem

ganz langsam, behäbig dahin. Sie ist ganz klar, so dass man jeden Stein, jeden Fisch gut erkennen kann. Die vielen Wasservögel sind auf ihr unterwegs, die ihr hier seht, im Frühsommer ganze Familien mit ihren Jungen. Bei Hochwasser im Frühjahr nach der Schneeschmelze oder im Sommer und Herbst nach starkem Regen entwickelt sie eine ungeheure Wucht, fließt reißend schnell, ist ganz trüb-braun, bringt viel Treibholz, ja ganze Bäume mit. Die Wasservögel sind selten auf dem reißenden Fluss, mehr in den geschützten Buchten. Die ständig wechselnde Farbe des Wassers, sowohl vom Wasser selbst bewirkt als auch durch die Spiegelungen des Ufers, der Bäume, des Himmels und der Wolken und des Lichtes. Je nach Jahreszeit wachsen Wasserpflanzen oder vergehen wieder. Zu verschiedenen Jahreszeiten tummeln sich immer neue Schwärme winziger Fische, deren Wachsen ich fast täglich oder wöchentlich beobachten kann.

Meine Frau Antonia und auch ich bemerken in all den Jahren immer mehr, wie die Pflanzen auf unsere Zuwendung und Dankbarkeit für ihr Wachsen und Blühen reagieren. Wir haben immer wieder eine überwältigende Blütenfülle zu allen Jahreszeiten. Auch hier beobachte ich die Entwicklung von Keimen über Sprossen bis hin zur Blüte und Fruchtbildung – und dann Verblühen, Verwelken, Absterben, Vergehen. Der ewige Kreislauf der Natur, das Rad des Lebens. Im Laufe der Jahre habe ich bemerkt, wie meine Seele immer achtsamer und aufmerksamer wird für alle diese Vorgänge.

Die Arbeit in und mit der Natur war immer schon und ist hier ein wichtiger Kraftquell für mich. Wenn ich angestrengt von meinen Reisen, den langen Bahnfahrten wieder hier ankomme, dann atme ich hier immer wieder neues Leben ein.

Wir sind am Ende unseres Rundganges angekommen. Nun habt ihr einen ersten Eindruck von der wunderbaren Natur bekommen, die uns hier umgibt. Wir setzen uns jetzt hier in das Rondell am Abhang unter den großen Buchen an unseren schattigsten Platz, den wir gerne bei großer Hitze aufsuchen. Wir sitzen mitten im Grünen und können unten den Fluss sehen, der ruhig und stetig fließt, hören die Vögel zwitschern, die Wildenten quaken, die Graugänse schreien, die Blätter rascheln… Nun lasst uns an die Arbeit gehen.

Einstieg

Am Tisch unter den Bäumen

Raymond di Ronco (RdR): Das Büchlein über Fritz Glasl, „Gespräche im Garten" [1], in dem der Fokus sehr stark auf seine Biografie und Konfliktarbeit gerichtet ist, hat mich dazu inspiriert, dass es für unsere Bewegung gut wäre, auch dich zu der Vergangenheit und Zukunft von „Entwicklungsbegleitung von Menschen und Organisationen" zu interviewen.

Du hast da eine wesentliche Rolle gespielt, und aus diesem Grunde sitzen wir jetzt hier, weil wir dokumentieren wollen, wie sich dieser Impuls entwickelt hat. Das ist mein Motiv gewesen. Mich hat gefreut, dass du spontan zugesagt hast, und dass auch Magdalena bereit war mitzumachen.

MH: Auch ich freue mich, dass wir gemeinsam versuchen wollen, die Anliegen unseres gemeinsamen Ansatzes der Entwicklungsbegleitung, der ja anders ist als Beratung oder die Organisationsentwicklung anderer Ansätze, in den Blick zu nehmen und zu verdeutlichen. Ich verbinde damit die Hoffnung, dass wir Perspektiven zur Erneuerung der Waldorfschulen und auch anderer anthroposophischer Einrichtungen im Sinne der Selbstorganisation aufzeigen können und vor allem auch den Ansatz der Erneuerung des Lernens aus den Grundimpulsen heraus, die uns Rudolf Steiner gegeben hat. Das ist aus meiner Sicht nach 100 Jahren notwendig – im wahrsten Sinne des Wortes – um in einer Besinnung und Vertiefung dieser Grundimpulse den Kindergärten, Schulen, anderen Organisationen eine Konzentration auf den Kernprozess zu ermöglichen, der den Kindern und Betreuten sowie den Mitarbeiterinnen und Mitarbeitern die Entwicklungsräume für ihre Individualität gibt. Vor allem ist mir ein Anliegen, dass wir den neuen Generationen, die so viele neue Fähigkeiten und Impulse mitbringen, helfen, ihre Spur in diesem Leben zu finden.

Ich glaube, dass ich aus den vielen Erfahrungen aus meiner Biografie zu diesen Aspekten etwas beitragen und damit Mut machen kann, die Dinge immer weiter zu entwickeln im Vertrauen auf die Zukunft. Ich freue mich auf die Gespräche mit Euch darüber.

Unsere gemeinsame Geschichte

RdR: Wir kennen uns ja schon lange und haben viel miteinander entwickelt. Wo willst Du ansetzen?
MH: Was mich besonders freut, nachdem wir diese gemeinsame Geschichte in Luxemburg hatten, ist, dass du dann 1996 in meine erste Entwicklungsbegleiter-Ausbildung gekommen bist. Das war für mich so ein Glück. Du hättest ja auch so zornig sein können auf mich wegen der Konsequenzen, was ich in eurer Schule sozusagen geordnet hatte.
RdR: Das ist schön zu hören. Ich bin ja spät reingekommen. Obwohl da schon mein zweiter Sohn geboren war, das war hart, der war gerade sechs Monate alt, als das Ganze begonnen hatte. Ich wusste, dass ich das tun musste und bin meiner Frau sehr dankbar, dass sie mir das ermöglicht hat. Das war für sie nicht einfach.

Deine Arbeit in Luxemburg habe ich aber nie mit dir persönlich und deiner Ausbildung in Bezug gebracht. Wie andere, die sagten, Harslem hat alles zerstört, Harslem hat mich hier rausgekickt.
MH: Es hat ja schon früher begonnen, als wir von der Überlinger Waldorfschule aus mit der Waldorfschule in Prien eine zweite Herbsttagung als Alternative zu der Stuttgarter Fortbildungstagung für Waldorflehrer ins Leben gerufen haben, um andere Tagungsformate möglich zu machen, in denen auch gearbeitet werden konnte und nicht in erster Linie zugehört werden musste. Das haben einige Waldorflehrer aus Prien und Überlingen gemeinsam ins Leben gerufen, mit dem Ansatz, andere Formen von Tagungen zu entwickeln, die mehr Eigenaktivität zulassen. Auf dieser ersten neuen Herbsttagung warst auch du aus Luxemburg dabei.
RdR: Ja, wir haben uns in Prien kennengelernt. Anderer Konferenzstil, da war ich voll begeistert. Michael hatte einen Kurs über Elternarbeit, in dem vor allem an den Erfahrungen angesetzt wurde und versucht wurde, ein besseres Verständnis dafür zu erreichen. Dann haben die Veranstalter zum Schluss gefragt, wer mitgestalten möchte in den nächsten Tagungen, kann sich in das Buch einschreiben. Françoise, meine spätere Frau, hat dann gesagt, schreib dich

ein, auch wenn es weit ist von Luxemburg nach Prien. Ich bin dann in diese Vorbereitungssitzungen gekommen und habe dann auch einen Kurs angeboten.

Magdalena Linnepe-Palm (MLP): Als ich hörte, wie lange eure Beziehung schon besteht, hatte ich das Gefühl, ich darf Zeuge sein, dass hier zwei Menschen, die sich so lange kennen und so lange in der Entwicklungsbegleitung sind, sich über ihre Erfahrungen austauschen.

RdR: Wir haben ja in Luxemburg die Waldorfschule unter sehr schwierigen Bedingungen gegründet mit einer kleinen Gruppe von Menschen. Meine beiden Lehrerkollegen Dennis und René und ich wurden (am Anfang humorvoll, später weniger humorvoll) „die drei Päpste" genannt. Irgendwann, als es auch finanzielle Schwierigkeiten gab, konnten wir nicht mehr so gut miteinander. Dabei ergänzten wir uns gut: Ich hatte die Waldorfausbildung gemacht, Dennis war ungeheuer fähig, politische Verbindungen zugunsten unseres Projektes zu knüpfen, René war der große Organisator. Als die EU ihre Pavillons abriss, weil sie ein schönes Gebäude bezog, haben wir diese Pavillons bekommen, und das war die Rettung für unsere Schule. Das alles hat Dennis gemacht. Aber dann kam Neid auf, so als ob man alles können müsste, alles sein müsste, auch das, was man nicht ist. Dann kam der Konflikt zwischen uns. Der kam nicht zwischen René und mir, der kam zwischen Dennis und uns beiden, René und mir.

Wir baten dann einen Vorstand des Bundes der Freien Waldorfschulen in Deutschland, Stefan Leber, um Vermittlung. Er kam und verkündete: Ihr habt einen Auftrag, vertragt euch. Keine Frage zur Diagnose, keine Frage wie es uns geht, wo die Hintergründe dieser Verletzungen liegen. Ich habe zu Michael gesagt, ich glaube, wärst du damals direkt gekommen, als dieser Konflikt noch unter uns dreien war, wäre der anders verlaufen. Auf der anderen Seite wäre ich dann nicht hier. In dem Sinne bin ich ganz gelassen, es war alles richtig.

Ich habe dich, Michael, in der Waldorfschule Luxemburg vorgeschlagen. Du hast ja zuerst vieles wegräumen müssen, damit dies deine Arbeit nicht beeinträchtigte. Das ist dir gut gelungen. Du hattest bald das Vertrauen dieser Widerstands-Vorstände. Die hattest du gewonnen, weil du über Zahlen reden konntest. Du hast uns gezeigt, so geht es nicht weiter, wir wären pleite gegangen, innerhalb eines Jahres. Und ich habe die weitere Kürzung meines Gehaltes hingenommen. Andere haben dann gekündigt.

MH: Und dann haben wir nach deiner Ausbildung bei mir (und Trigon), also seit 1999 immer zusammengearbeitet, zuerst nur du, Birgit Abraham-Schönecker und ich, dann kam später Hubert Staneker dazu und andere, so dass wir dann das Forum Entwicklungsbegleitung gebildet haben.

RdR: Unsere Fragen, die wir in diesen Tagen mit dir besprechen wollen, gehen von diesem Begriff „Entwicklung", „Entwicklungsbegleitung" bis hin zu deiner Biografie, zur Erfahrung, wie sich die Akademie entwickelt hat.

Du bist sehr stark verknüpft mit dem Begriff Entwicklungsbegleitung. Diesen Begriff hast du vor 30 Jahren eingeführt, inzwischen ist er zu einem Markenzeichen geworden, das ist ja ein Kern deiner gesamten Arbeit, deines gesamten Lebens. 70 Menschen haben mit diesem Ansatz eine Ausbildung zum Entwicklungsbegleiter gemacht. Viele davon haben Waldorfschulen, aber auch heilpädagogische und sozialtherapeutische Einrichtungen begleitet, inzwischen auch andere Organisationen. Du nennst es ja von Anfang an nicht Beratung, sondern Entwicklungsbegleitung. Was bedeutet der Begriff Entwicklung für dich, warum ist er dir so wichtig, wesentlich?

Entwicklung in der Natur

MH: Er ist wirklich zentral für mich! Aber das ist gar nicht so einfach zu sagen! Es geht für mich nicht um eine Definition oder philosophische Auseinandersetzung mit dem Begriff Entwicklung. Mir geht es immer darum, wo ich das erleben kann, wie der Begriff für mich lebendig wird, so dass wir von dem Wort ausgehend in tiefere Schichten, weitere Dimensionen kommen können. Wenn ich bei meinen Erlebnissen ansetze, ist Entwicklung identisch mit Leben. Es gibt kein Leben ohne Entwicklung. Tote Dinge entwickeln sich nicht. Aber Leben ist immer in Entwicklung. Es kann wachsen oder auch welken. Beides ist Entwicklung. Mein persönliches Handbuch ist seit meinem 18. Lebensjahr „Wie erlangt man Erkenntnisse der höheren Welten?" von Rudolf Steiner. Da gibt es diese schöne Übung, Wachsen und Welken zu meditieren. Und du merkst, wenn alles nur wachsen würde, wir würden überwuchert von allem. Es muss auch etwas vergehen, es muss diesen Kreislauf geben. Auch wenn jetzt hier in der Natur alles Mögliche abstirbt, dann lebt etwas anderes, dann leben die Bakterien, die Pilze – es ist immer Leben. Es metamorphosiert sich bloß.

Entwicklungsbegleitung im Internat

MLP: Wie hat sich das Motiv Entwicklung in deiner Kindheit und Jugend gezeigt?

MH: Wenn ich zurückdenke, war da schon immer die Frage in mir: Wie entwickelt sich der Mensch? Das war schon in meiner Schulzeit so. Ich war im Internat, fünf Kilometer von hier, Schule Schloss Stein, erst extern und dann intern und später halbintern. Dort verbrachte ich meine gesamte Gymnasialzeit. Ich war immer Klassenbester und über viele Jahre auch Schulbester, weil ich das Glück hatte, dass mir alles zugeflogen ist. Ich habe mir die Bücher unter mein Kopfkissen gelegt und war überzeugt, am nächsten Morgen ist alles drin, und es war drin. (lacht) Aber es lag natürlich daran, dass ich zugehört und gut aufgepasst habe.

Dann kamen immer alle möglichen Kameraden zu mir und fragten, kannst du mir nicht mal einen Aufsatz schreiben? Das habe ich abgelehnt. Dabei wäre das ein gutes Geschäft gewesen; es waren viele im normalen Schulsystem angeblich „gescheiterte" Schüler in diesem Internat, Kinder reicher Eltern, die in der Schule nicht mehr mitkamen und deshalb in das Internat kamen. Manche kauften sich hier dann ihre Aufsätze. Aber mir widerstrebte das zutiefst. Ich habe gesagt, nein, dann lernst du ja nichts, dann entwickelst du dich nicht.

Schule Schloss Stein an der Traun

Schreibe du es erst einmal selber hin, wie du es kannst, dann verbessern wir es gemeinsam, und dann wirst du auch besser werden! Dabei war ich arm wie eine Kirchenmaus. Meine Mutter war dort Erzieherin, ich hatte ein Stipendium. Aber ich fand es unsinnig, diese Leistung des anderen zu ersetzen und dafür Geld zu nehmen. Wenn ich zurückblicke, war das auch schon Entwicklungsbegleitung, denn wir sind immer in einen gemeinsamen Prozess gekommen.

Auch noch einen anderen Aspekt der Entwicklungsbegleitung hat mir das Internat beschert. Weil ich so gut in der Schule war, war ich Freiarbeiter, so hieß das bei uns. Alle anderen – bis auf die Abiturienten – mussten ihre Hausaufgaben gemeinsam im Klassenzimmer machen, aber ich durfte das in meinem Zimmer erledigen. Dann kamen immer die Mühseligen, die Beladenen zu mir, die Kummer hatten und mich um Rat fragten. In meinem Zimmer sind manche Tränen geflossen und mancher war froh, sich aussprechen zu können. In manchen Fällen habe ich dann mit der Heimleitung vermittelt, dass z. B. die,

die was ausgefressen hatten, keine oder adäquate Strafen bekamen. Das war für mich selbstverständlich, den anderen in ihrer Not zu helfen. Rückblickend finde ich, dass ich mich hierbei nicht nur persönlich entwickeln, persönliche Entwicklungsbegleitung für meine Mitschüler, sondern auch eine gewisse Entwicklungsbegleitung für die Gemeinschaft leisten konnte.

In der Stadtentwicklung

RdR: Und wie ging es dann weiter?
MH: Zunächst nahm ich ein Studium der Atomphysik auf. Ich wählte dieses Fach, weil ich ganz goetheanistisch erkennen wollte, was die Welt im innersten zusammenhält. Dieses Studium brach ich dann aber aus gesundheitlichen Gründen ab und wählte als Studienfach Architektur und Stadtplanung. Damals kam ganz neu aus den USA das „urban development" herüber, also Stadtentwicklung. Wie entwickeln sich Stadt und Region? Als Planer musst du die Ausgangslage möglichst umfassend erfassen, um daraus bestimmte Entwicklungslinien zu erkennen und dann mögliche Entwicklungen daraus zu entwickeln. So entwickelst du Perspektiven für die Zukunft, die du dann immer weiter begleitest. Schon während meines Studiums machten wir in verschiedenen Studentengruppen Pläne für die Innenstadt-Entwicklung von Ulm. Die anderen waren zufrieden, dass sie Entwürfe abgeben konnten. Mich interessierte es einfach, wie das dann weitergeht. Ich wollte wissen, was sich daraus entwickelt. Ich bekam dann eine Stelle als Assistent beim Baudezernenten und dessen persönlichem Referenten. Mit diesem gestaltete ich einen groß angelegten Prozess zur Stadtentwicklung. Wir haben ein Bürgerbeteiligungsprojekt durchgeführt, eine große interaktive Ausstellung: Wie entwickelt sich die Innenstadt weiter? Wie beteiligen wir die Menschen, die da wohnen und arbeiten?

Nachträglich gesehen hat mir mein Architekturstudium für meine gesamte weitere Arbeit geholfen. Denn als Architekt musst du alles vordenken, die ganze Planung, vom Fundament bis zum letzten

Dachziegel, du musst dir vorher jede Leitung und jeden Lichtschalter überlegen, und dann muss das Ganze in einen Prozess kommen, in dem die Gewerke so ineinander verschränkt werden, dass das passt, da gibt es x Abhängigkeiten. Das ist die Entwicklungsbegleitung eines Baues, den du ja nicht selbst baust, für den du aber bis zur Fertigstellung und darüber hinaus verantwortlich bist.

Und sehr spannend sind solche Entwicklungen in der Regionalplanung, wo du 20, 30 Jahre vorplanst. Wie ist es z. B. mit der Entwicklung der Infrastruktur? Darum bin ich heute immer wieder erschüttert über unsere Politik. Da wird der Brennerbasistunnel schon lange gebaut, Italien und Österreich haben ihre diesbezügliche Infrastruktur von Anfang an mitgeplant und entwickelt – und die Bayerische Regierung tut fast nichts, um dieses Projekt an das hiesige Bahnnetz anzuschließen. Seit 20 Jahren müsste eigentlich die gesamte Infrastruktur in Bayern weiterentwickelt werden, damit das, was dann an Verkehr an der Grenze ankommen wird, hier auch wirklich abgenommen wird. Und der Flughafen Berlin-Brandenburg ist ja das nächste Beispiel, wo du denkst, wer sind denn bloß die Planer?

Und ähnlich ging es mir so oft mit meiner Arbeit im Vorstand des Bundes der Freien Waldorfschulen. Ich habe Entwicklungsprojekte 20 Jahre vorgedacht und bin eigentlich überall nur auf das aktuelle, meist reaktive Tagesgeschäft gestoßen, das das nicht denken konnte und wollte. Ich war sehr froh über einige Menschen, die mich in meinem Vordenken unterstützt und begleitet haben.

RdR: *Das heißt, der Beruf des Architekten hat dich da weitergeführt, sowohl in Projekt-, in Prozess-, als auch in Entwicklungsplanung?*
MH: Ja, das, was ich da gelernt habe, habe ich in meinem ganzen Leben brauchen können. Bei diesem Projekt in Ulm habe ich außerdem noch ungeheuer viel Anderes gelernt – alle haben uns bei diesem Projekt Knüppel zwischen die Beine geworfen, die Politiker waren alle dagegen, auch die etablierten Geschäftsleute, selbst die Jusos. Die Verwaltung war dagegen. Das war ein Wendepunkt für mich! Daran ist mir klar geworden: Wenn du von Politik keine Ahnung hast, kannst du noch so gute Planung machen, das hilft den Menschen noch gar nichts. Also musste ich diese Spur verlassen.

An der Uni in Stuttgart und in Konstanz

MLP: Das finde ich spannend, was ist dann deine neue Spur geworden?
   MH: Dann habe ich gesucht: Wo kann ich das weiter erforschen. In Stuttgart gab es die Möglichkeit, ein theoretisches Architektur-Diplom zu machen. Und in Stuttgart, im Team mit drei anderen, haben wir von verschiedenen Aspekten her die Bürgerbeteiligung an Planungsprozessen bearbeitet; die anderen von der architektonischen, planerischen und ich mehr von der politischen Seite. Ich hatte zwei Professoren, die mich beim Diplom begleitet haben, in Tübingen Prof. Klaus von Beyme und in Heidelberg Prof. Hellmut Wollmann. Ich habe in Stuttgart dann eine theoretische Diplomarbeit im Fach Architektur geschrieben über die Bedingungen für Bürgerbeteiligung an Kommunalentwicklung, an Planungsprozessen in Stadt und Region. Das war meine neue Spur.
   Dann war die Frage: Wie geht's weiter? Es gab zwei Lehrstühle, die auf diesem Feld geforscht haben. Einer in Bremen, das war Prof. Rolf-Richard Grauhan, und einer in Konstanz, das war Prof. Joachim Jens Hesse. Ich habe mich in Konstanz beworben, weil die ein passendes Projekt ausgeschrieben hatten: „Willensbildung und Entscheidungsprozesse in kommunalen und regionalen Zusammenhängen". Ein Jahr lang habe ich an diesem Forschungsprojekt mitgearbeitet. Parallel dazu habe ich Verwaltungswissenschaften studiert und ein Aufbaustudium Organisation und Management absolviert.
   Dann bekam ich an der Uni Konstanz eine Lebensstellung angeboten. Es gab eine Stelle im Fachbereich, die war keinem Professor unterstellt, mit zehn Stunden Lehre und freier Forschung. Und diese Stelle habe ich bekommen. Da hat sich diese Spur für kurze Zeit gefestigt.
   Als einziger in unserem Fachbereich hatte ich damals alle Diplomarbeiten angenommen, die die Studierenden bei mir machen wollten. Alle anderen haben diese Diplomarbeiten funktionalisiert auf ihre Promotionen oder auf ihre wissenschaftlichen Arbeiten hin, die sie gemacht haben. Ich hatte es schon erlebt, dass bei meinem For-

schungsprojekt „Willensbildungsprozesse" mein Professor mich Stöße von Büchern hat für ihn durchlesen und exzerpieren lassen und er hat dann diese Exzerpte verwendet. Ich dachte, das ist unmöglich, so kann man mit Menschen nicht umgehen. Ich habe also alle Diplom-Themen angenommen, die die Studenten bei mir machen wollten. Meine Sprechstunden waren immer ein ganzer Tag, da ich so viele Anmeldungen hatte, weil ich so viele verschiedene Diplomarbeiten betreut habe, über Gefängnisse, Stadtentwicklung, Bürgerinitiativen, Regionalplanung, Kommunalpolitik, über alle möglichen Sachen, was immer auch mir noch weitergeholfen hat. Aber es war immer die Spur, die dieser Student haben wollte. Die habe ich ihn suchen und verfolgen lassen. Und ich habe ihn nicht inhaltlich beraten, sondern habe die Prozesse meiner Studenten begleitet und beraten. In meine Kurse – das habe ich damals intuitiv gemacht – bin ich immer mit der Haltung hineingegangen: Eigentlich wisst ihr alles, wie ihr da sitzt. Ich habe das Potenzial derer, die da saßen, herausgelockt: Kommt, macht ihr, nicht ich. Ich muss euch nur ein bisschen helfen, damit ihr selbst entdecken könnt, was in der Sache alles drinsteckt. Das war auch Entwicklungsbegleitung.

RdR: Wie alt warst du da?
MH: Das war 1974/75, da war ich 30 Jahre alt. Ich war Mittelbauvertreter im Senat. Wir waren in Konstanz eine Reformuniversität. Die Kurse waren klein. Wir waren auch sehr fortschrittlich in der Lehre. Ich habe so viele Studenten in ihrer Entwicklung begleiten können, weil ich eben alle Themen als Diplomarbeiten angenommen und die Studenten angeleitet habe, selbst zu forschen.

Dann hat man uns vom Kultusministerium einen Ministerialdirigenten vorgesetzt, der unsere Selbstverwaltung der Uni außer Kraft gesetzt hat. Ab dann wurde es schwierig. Als ich ging, 1978, hatten wir schon 6000 Studierende; auf 3500 war es ausgelegt. Ein paar Jahre später waren es 9000, mit dem gleichen Personal, den gleichen Räumen. Alle sagten mir später, wie gut, dass du weggegangen bist. Aber ich musste krank werden, um das zu verstehen, dass das jetzt nicht mehr meine Stelle, meine Spur ist. Aber das war auch wieder Entwicklung.

Am Widerstand gewinnen

RdR: Das ist ja auch ein Motiv, dass du Widerstände erfährst durch andere Menschen, übergeordnete Stellen oder durch deinen Körper, und dass dich das voranbringt.

MH: Ja, ich habe immer auch Gegner gehabt, auch das ist interessant. Die gehören zu meinem Leben dazu und sie haben mir durch ihre Gegnerschaft in gewisser Beziehung auch immer weitergeholfen. Da war mir aus den Tierkreisstimmungen von Rudolf Steiner die Jupiterzeile aus der Widderstimmung ein Leitmotiv ebenso wie die Marszeile und Jupiterzeile in der Steinbockstimmung.

Zum Beispiel auch im Architekturstudium. Im Hochbau, ein wichtiges Fach. Wir waren jeweils einem bestimmten Assistenten zugeordnet. Mein Assistent hatte mich von Anfang an auf dem Kieker, dem konnte ich nichts recht machen. Bei uns damals in der TU München war 3,3 die schlechteste Note, ab dann warst du durchgefallen. Und ich habe immer 3 gekriegt bei dem, in allen Entwürfen. Dann habe ich mein Vordiplom gemacht. Da ruft mich der Professor Werner Eichberg zu sich und sagt: Hören Sie mal, Herr Harslem, Sie haben hier eine glatte 1 im Vordiplom, aber vorher hatten Sie immer 3 gehabt, wie passt das zusammen? Da konnte ich ihm von diesem Assistenten berichten, dem ich nichts recht machen konnte, ich aber nicht bereit war, meine Spur, die ich richtig fand, ihm zuliebe zu verlassen. Aber er wollte, dass ich seinen Anweisungen folge. Dann war das ein Machtkampf. Dafür hatte der Professor Verständnis und glaubte mir.

Gegner kommen immer wieder. Das sind Menschen, die Schwierigkeiten mit mir haben, ohne dass ich weiß, warum. Die gibt es öfter in meinem Leben.

Was ich beispielsweise bei einem Menschen in der Waldorfbewegung gemerkt habe, war eine tiefste Gegnerschaft, die ich mir nicht erklären konnte. Ich war einige Jahre im Arbeitskreis Konferenzgestaltung von Heinz Zimmermann, dem damaligen Sektionsleiter der pädagogischen Sektion am Goetheanum. Wir haben da intensiv gearbeitet in der Pädagogischen Sektion. Zum Schluss unserer Arbeit kam mein „Gegner" zu der Gruppe dazu und hat gleich gesagt, kann ich das, was ihr erarbeitet habt, als Buch herausgeben? Jeder sollte einen Beitrag schreiben, und er war der Herausgeber, hat das Buch herausgegeben und es gleich für sich verwertet. Und er nimmt als letzten Beitrag in das Buch einen rein von einem Autor, den wir als Gruppe überhaupt nicht kannten, und der sich negativ über Schulberatung auslässt. Das war in der Veröffentlichung unseres Arbeitskreises als letztes drin, um mir eins auszuwischen. So weit geht es, dass man eine Publikation benutzt, um einem anderen ans Schienbein zu treten. Dieser Mann hat dann wesentlich dazu beigetragen, dass ich nach neun Jahren aus dem Bundesvorstand ausgetreten bin. Ich hätte mich weiter verpflichtet gefühlt, brauchte aber diesen Widerstand, um diese Spur verlassen zu können. Nachträglich bin ich dankbar dafür.

Ich habe sowieso die Einstellung, dass alles, was ist, notwendig ist für die Entwicklung. Es ist nur die Frage, wie ich damit umgehe. Und da habe ich immer mindestens zwei Möglichkeiten, oft auch mehrere. Dann kann ich prüfen, ob ich dabei wahrhaftig bleibe oder Kompromisse schließe, kann abspüren, ob das in meiner Spur liegt oder nicht.

MLP: Manchmal hat man eben einen Konflikt, obwohl man gar keinen wollte.

MH: Ich glaube, von mir sagen zu können, dass ich eigentlich nie einen Konflikt wollte, sondern mich immer bemüht habe, die Probleme sich nicht verhärten zu lassen, sondern im Gespräch zu lösen. Ich habe eher losgelassen, als aktiv zu kämpfen. Ein kluger Mann hat einmal gesagt, dass es wohl keinen gäbe, mit dem ich ernsthaft in Konflikt gehen würde. Das gehört aus meiner Sicht zu meiner Lebenssignatur, zu meiner Spur.

Loslassen

MLP: Wir haben heute früh über das Loslassen gesprochen. Ich glaube, jemand, der so wie du viele Impulse setzt, der muss loslassen, sonst kann er keinen neuen Impuls setzen. Und dann müssen andere die Impulse aufgreifen.

MH: Ja, und die Frage ist immer, wo findest du die Menschen, die das aufgreifen, und was machen sie daraus. Mit dem Ausbildungsrat hatte ich am Sonntag das Gespräch über ihre Vorbehalte mir gegenüber. Ich habe ihnen dann geschildert, wie das mit der Lehrerbildung in der Praxis zustande kam. Das war damals schon ein Fall von Loslassen. Ich bin der Überzeugung, dass man wirklich Lehrer nur mit Schülern wird. Man muss die Grundlagen in einem Seminar erarbeiten, das ist klar; ich muss das Weltbild, den anthroposophischen Schulungsweg verstehen, alles verstehen, was Waldorf ausmacht, aber wirklich Lehrer werde ich erst in der Begegnung mit den Schülern. Also habe ich seinerzeit Anfang der 1990er als Sprecher und Vorstand der LAG der Freien Waldorfschulen in Württemberg dafür gesorgt, dass wir ein Praxisjahr für angehende Lehrer machen können im Sinne eines besonders gestalteten „Waldorf-Referendariats", in dem sie als Assistenten ein Jahr lang mit erfahrenen Lehrern zusammenarbeiten. Wir haben dafür einen Stipendientopf mit 250 000 DM mit den Geschäftsführern bereitgestellt, mit denen die Lehrer im Praxisjahr finanziert werden können, so dass sie 80 Prozent des eigentlichen Lehrer-Gehaltes bekommen können. Das war alles fertig vorbereitet.

Und als es fast fertig war und zum Beschluss in die Regionalkonferenz der Landesarbeitsgemeinschaft der Freien Waldorfschule in Baden-Württemberg (LAG) ging, hat ein Seminar-Dozent aus Stuttgart zu mir gesagt, er möchte das jetzt weitermachen. Gut, dachte ich, ich muss ja nicht vorne stehen, soll er es von mir übernehmen und habe es losgelassen. Dann haben wir das Assistenzlehrer-Programm in der LAG beschlossen. Daraufhin hat er es als Projekt an sich genommen und dann haben das Seminar Stuttgart und das Seminar Mannheim gemeinsam beschlossen, dass dieses Praxisjahr nur die „Fußkranken" kriegen sollen und die „guten" Studenten nicht, weil die es ja nicht brauchen würden. Das Grundkonzept, dass alle Seminarabsolventen ein Jahr lang mit Schülern lernen können, Lehrer zu werden, war damit innerhalb weniger Wochen gestorben.

RdR: Ich sage mal, wie das in der Schule war. Du hast geworben dafür, dann kam das für die, die noch nicht fähig sind …

MH: Im ersten Jahr war das noch nicht so, weil es schon anders bekannt gemacht war. Da war es noch für alle möglich. Gerade die guten Studenten haben das nutzen wollen. Die Assistenzlehrer – weil sie zwischendrin eine Woche im Seminar in Stuttgart waren – haben mich gefragt, ob ich mit ihnen arbeite über Selbstverwaltung. Und dann habe ich mit ihnen gearbeitet, aber es saßen drei Dozenten des Seminars mit drin, um darüber zu wachen, was ich mit denen mache. Ich bin der Meinung, Selbstverwaltung fängt doch mit mir selbst an, wie gehe ich mit mir selber um. Und darüber, also über die Selbstschulung im Sinne von Selbstentwicklung, habe ich mit ihnen einen Tag gearbeitet.

MLP: Und warum ging es dann nicht so weiter?

MH: Dann wurde vom Seminar ein Geschäftsführer beauftragt mit der Vergabe der Stipendien, der alle Assistenzlehreranträge heruntergeschraubt hat auf 600 DM pro Monat als Gehalt, so dass es unattraktiv wurde für Menschen, die Familie haben. Und damit war die Sache dann auch finanziell verwässert und eigentlich gestorben. Nicht ganz gestorben. Es gab immer wieder Menschen, denen es empfohlen wurde, man hat es dann Student im Praxisjahr genannt, SiP, weil es als 4. Studienjahr im Seminar angeboten und das Seminar dafür vom BdFWS finanziert wurde.

Ich habe oft die Richtigkeit dieses Spruches erlebt: „Wenn etwas zu dir gehört, dann kommt es zu dir zurück." Das wird natürlich häufig nur auf verlorene Gegenstände angewendet, aber ich habe es mit meinem Impuls für das spezielle „Waldorf-Referendariat" erleben dürfen.

Lehrerbildung in der Praxis

MLP: Das heißt, es ist dir wieder begegnet?

MH: 2003 wurde ich von der Region Niedersachsen/Bremen gebeten, gemeinsam eine neue Lehrerausbildung für diese Region zu entwickeln, da aus den Seminaren des Bundes der Freien Waldorfschulen fast niemand in den Schulen der Region ankam. So haben wir mit der

Initiativgruppe „Lehrerbildung" eine Klausur gemacht. Wir haben unsere Ausgangslage analysiert: Wir haben hier ein Flächenland, da fahren alle bis zu zwei Stunden und mehr nach Hannover. Es macht keinen Sinn, in Hannover ein Seminarhaus zu bauen! Wagen wir doch einen neuen Ansatz. Machen wir die Ausbildung dezentral in der Praxis, in den Schulen. Die Grundlagen werden in einem berufsbegleitenden Seminar erworben. Im 4. Jahr lernen sie in der Praxis vor Ort in der Schule. Wir bilden die Ausbildungsbegleiter in Erwachsenenbildung aus und die Lehrer-Trainees werden dabei auch mit ausgebildet. So hat es angefangen. Ostern 2004 hatten wir unser erstes Modul in Loheland. Es dauerte jedoch ein paar Jahre, ehe sich das in den Schulen in Niedersachsen-Bremen wirklich etablieren konnte. Es wurde aber von Anfang an von der LAG der Freien Waldorfschulen in Niedersachsen-Bremen unterstützt. Jetzt haben wir über 170 Waldorf-Lehrerinnen und Waldorflehrer in der Praxis ausgebildet, mindestens 85 Prozent davon sind in den Schulen auf Dauer erfolgreich tätig. Wir haben das durch die Alanus Hochschule im Jahr 2015 evaluieren lassen, die Ergebnisse waren sehr, sehr gut.

Auch dort habe ich gewartet, bis die nächste Phase kam. Das habe ich dann auch losgelassen. 2014, nach zehn Jahren Aufbauarbeit, habe ich das an Axel Langwost übergeben. Der saß acht Jahre in den Modulen neben mir und sagte, ich will dir über die Schulter schauen, wie kriegst du das hin, dass diese Gruppe so arbeitet. Er hat dann immer mehr in den Modulen übernommen und ich habe ihm die Sache dann getrost übergeben können. 2014 bin ich von den Waldorfschulen der Region Süd-Baden gefragt worden, ob ich eine entsprechende Lehrerbildung in der Praxis (LiP) auch im Süden aufbauen helfen würde, und so bin ich seit 2015 mit der LiP Süd tätig und bin auch hier schon daran, meine Nachfolgerin einzuarbeiten.

MLP: Lehrerbildung in der Praxis bedeutet, ich bewerbe mich auf eine Stelle?

MH: Nein, das heißt, entweder ich habe als angehender Waldorflehrer mein Seminar schon hinter mir oder vor mir oder bin in meiner Seminarzeit. Wann und wie du dir die Grundlagen verschaffst, ist deine Sache. Ohne diese Grundlagen wirst du in der Waldorfschule nie richtig mitmachen können. Dann machst du ein Jahr in der Praxis als Lernender. Das Konzept ist: Ein erfahrener Lehrer nimmt jemanden mit herein, als Lehrer-Trainee, als Assistenten. Der hospitiert anfangs maximal eine Woche, und dann macht er mit. Dann ist das Team-Teaching. Das verändert sich mit der Zeit so, dass der Lehrer-Trainee immer mehr übernimmt und der andere immer mehr zurücktritt.

Wenn du zu zweit in der Klasse bist, ist das wunderbar, weil man sich die Bälle zuspielen kann. Auch wenn man im Fachunterricht ist, der Trainee ein bestimmtes Projekt macht und der Ausbildungsbegleiter dabei ist. Schließlich ist es so weit, dass der Trainee phasenweise die Klasse ganz übernimmt und der Ausbildungsbegleiter nicht mehr dabei ist. Das Ganze ist so aufgebaut, dass sie zusammen den Unterricht vor- und nachbereiten und einmal in der Woche ein Ausbildungsgespräch haben, in dem es nicht um den Unterricht geht, sondern um das gemeinsame Lernen. Denn sie lernen ja beide.

In den Schulen haben wir Intervisionsgruppen eingerichtet, sozusagen als Qualitätszirkel, in denen wir einmal im Monat auf die Ausbildung in den Tandems schauen. Wir sind da recht streng. Wenn wir nach vier bis sechs Wochen merken, der kann eigentlich mit Kindern, mit Jugendlichen nicht umgehen, dann sagen wir ihm, wir bilden dich nicht weiter aus. Das ist auch eine Form des Loslassens.

MLP: Und die Lehrer bekommen Gehalt?
MH: Die Lehrer-Trainees bekommen im Süden jetzt 840 Euro im Monat. Sie sind angestellt, damit die versichert sind. Die LAG BW refinanziert wie in der SiP nur 640 Euro, aber die Schulen legen noch 200 Euro drauf. Man muss zusätzliche Formen der Finanzierung finden über Ausbildungsdarlehen oder darüber, dass ein Lehrer-Trainee schon ein Gehalt bekommt, von dem er leben kann, sagen wir 75 Prozent, und das die nächsten drei Jahre so bleibt. Aber eigentlich wäre es gut, wenn man ihnen ein richtiges Stipendium geben könnte. Ich habe mich sehr, sehr darum bemüht, aber wir haben noch keinen Stipendien-Fonds dafür auflegen können. Auch das werde ich loslassen, weil ich dafür nicht mehr genügend im BdFWS vernetzt bin.

Krankheit als Entwicklungshilfe

RdR: Und wie ging es mit deiner Spur weiter?
MH: Wie gesagt, ich musste auch einige Male richtig krank werden, um zu verstehen, das ist doch nicht meine Spur! Ein besonderer Einschnitt kam in meinem 33. Lebensjahr. Es wurde an der Uni Konstanz immer restriktiver. Eigentlich hat es mich nicht direkt betroffen, aber es war das ganze Klima in der Uni. Ich wurde krank, musste ein halbes Jahr aussetzen. Meine anthroposophische Ärztin sagte, das sieht nach einer Herzgeschichte aus und hat mich mitten aus dem Semester herausgenommen. Über einen Freund bin ich in eine Kurklinik im Schwarzwald gekommen. Dann kam man darauf, die Entzündungsherde sind die Zähne, die Zähne und Kiefer waren vereitert, haben das Herz belastet und mussten operiert werden. Als alle vier geplanten Operationen durch waren, 16 Zähne wurden gezogen, die Nebenhöhlen waren ausgeräumt worden, hatte ich wieder Nebenhöhlen-Entzündungen, wieder Vereiterungen im Kiefer, dann musste ich nachoperiert werden.

Dabei hatte ich ein für mein Leben wirklich zentrales entscheidendes Erlebnis. Bei der letzten Kiefer-Operation hatte ich Wundfieber bekommen. Das ist im Kopf nicht ganz ungefährlich. Ich weiß noch, dass der Chef der Privatklinik in Bad Pyrmont nachts an meinem Bett saß und mir alle möglichen Spritzen verabreichte. Ich bin dann in dieser Nacht durch diesen oft beschriebenen „Tunnel" gegangen und ins Licht gekommen. Ich kann nicht wirklich beschreiben, was ich da erlebt habe. Ich war in einer unendlichen Lichtfülle und in allerumfassendster Liebe. Es war für mich völlig evident, dass ich Christus erlebe. Ich sagte zu IHM, wenn DU mich brauchst, dann schicke mich zurück, dann werde ich weiter für DICH da sein. Und am nächsten Morgen bin ich wieder aufgewacht.

Das war der große Wendepunkt in meinem Leben. Seitdem habe ich keine Angst mehr vor dem Tod. Ich weiß, wie gut es da drüben in der geistigen Welt ist. Immer wenn jemand stirbt, sage ich zu ihm, schön, jetzt bist du im Licht und in der Liebe, du hast jetzt dieses große Erlebnis der Geburt in die geistige Welt. Du darfst jetzt da sein. Meine Frau und ich haben dann beschlossen, dass ich meine Lebensstellung in der Uni aufgebe und an die Waldorfschule wechsle. Das war ein lebensentscheidender Schritt. Dann bin ich schrittweise gesund geworden und habe mit neuer Kraft alle meine neuen Aufgaben ergreifen können.

Aber ich wollte damals die Arbeit in der Uni gut abschließen. Ich habe dann noch ein Semester lang alle meine Diplomanden bis zum Abschluss versorgt und bin dann erst an die Waldorfschule gegangen.

Neuer Zugang zur Anthroposophie

RdR: Wie war damals dein Zugang zur Anthroposophie?
MH: Seit unserer Stuttgarter Zeit als unser Sohn Johannes in den Waldorfkindergarten kam, haben wir uns verstärkt mit Anthroposophie beschäftigt und Werke von Rudolf Steiner gelesen, Vorträge angehört, in Arbeitsgruppen mitgearbeitet. Als wir dann 1973 in Überlingen im Waldorfkindergarten und dann in der Waldorfschule

beteiligt waren, hat sich diese Beschäftigung mit Anthroposophie und Waldorfpädagogik verstärkt. Dann habe ich mich 1977 bei meinen Klinikaufenthalten und den folgenden Reha-Wochen verstärkt dem Studium der Grundlagenwerke zugewendet. Ich erinnere mich, dass ich die Geheimwissenschaft[2] wie einen Krimi in einem Rutsch von vorne bis hinten durchgelesen und studiert habe.

Jetzt hatte ich die Anthroposophie noch einmal ganz neu entdeckt. Als ich dann 1978 als Lehrer in die Schule eintrat, interessierte ich mich sofort für die speziellen Angaben von Steiner für die Waldorflehrer. Er sagt zum Beispiel: „Abends vor eurer Meditation nehmt euch die Kinder vor die Seele mit der Frage: Was willst du hier auf dieser Welt? Und morgens nach eurer Meditation nehmt euch die Kinder vor die Seele, wie sie äußerlich aussehen." Mir war deutlich, Steiner geht davon aus, dass der Waldorflehrer abends und morgens meditiert. Dann soll er ergänzend sich die Kinder mit diesen Fragen vor die Seele stellen. Also war mir klar, das übst du von jetzt an! Dann war die Frage, welche Meditation mache ich denn morgens und abends? Ich hatte schon viele Hinweise Steiners aus den Anweisungen für eine esoterische Schulung gelesen. So begann ich mit diesen Meditationen. Dann kam es dazu – so war das damals noch –, dass mir von einer der Gründerinnen der Schule mitgeteilt wurde, dass ich für würdig befunden worden sei, dass ich den Zugang zu den Lehrer-Meditationen und anderen Hinweisen Rudolf Steiners für die Waldorflehrer bekommen könnte. Ich bekam eine rote Mappe überreicht, in der diese Inhalte enthalten waren. Ich durfte sie eine Woche behalten, durfte aber nichts kopieren, sondern musste mir alles mit der Hand abschreiben, was für mich wichtig war. Seitdem gehe ich mit den beiden Lehrer-Meditationen um.

Ein weiteres Übungsfeld, das sich mir sofort erschlossen hat, waren die sogenannten sechs Nebenübungen, die ich mit immer neuen Ansätzen geübt habe, bis sie mir völlig selbstverständlich wurden und ich sie immer und überall anwenden kann. Ich habe erlebt, dass sie einem sehr viel Sicherheit geben, weil man dadurch seine Seelentätigkeiten, Denken, Fühlen und Wollen, kontrollieren kann und sozusagen „Herr im Hause" geworden ist.

Neuer Zugang zur Anthroposophie

Eine weitere wichtige Übung ist von Anfang an für mich die abendliche Rückschau gewesen. Sie hat mir sowohl während meiner Lehrertätigkeit und als geschäftsführender Vorstand dieser großen Schul-Genossenschaft, als auch dann bei meinen vielen weiteren Tätigkeiten und vor allen Dingen in der Entwicklungsbegleitung sehr geholfen, die Ereignisse und Erlebnisse des Tages zu verarbeiten, bevor ich schlafe.

Seit 1992 habe ich meine meditative Praxis noch einmal vertieft, indem ich dreimal am Tag meditiere.

Bei allen neuen Aufgaben, die auf mich zukamen, sei es im Unterricht, sei es in der Entwicklung der Schule, sei es in sozialen Projekten wie der Naturata oder der GLS Bank oder der Treuhandstelle am Bodensee, sei es in der Begleitung der Entwicklung anderer Schulen oder von einzelnen Menschen, war mir immer bewusst, dass ich das nicht alleine mache, sondern immer Hilfen aus der geistigen Welt mir beistehen, ohne die ich dieses doch sehr große Arbeitsprogramm auf so vielen Feldern nicht hätte schaffen können. Vor allem ging es mir darum, dabei nicht meine eigenen Intentionen zu verwirklichen, sondern den anderen zu helfen, ihre eigene Spur zu finden. Das Vertrauen in diese Hilfen hat mir immer die Kraft gegeben, so viele neue Projekte selbst anzulegen oder zu begleiten.

Die Wurzeln

RdR: Wo liegen die Wurzeln deines Interesses für die Anthroposophie?
MH: Mein Großvater stammte aus sehr reichem Hause. Mein Urgroßvater hatte elf Zigarrenfabriken. Meine Großeltern hatten neben den Zigarrenfabriken ein Gut in Schlesien an der Oder und eine Ziegelei. Sie waren in Breslau mit der Anthroposophischen Gesellschaft verbunden. Das Gut haben sie schon 1924 gleich nach dem Koberwitzer Kurs umgestellt auf biologisch-dynamische Landwirtschaftsweise[3]. Meine Mutter und ihre beiden Schwestern sind in Breslau auf die Waldorfschule gegangen. Als die Schule sich 1936 selbst geschlossen hat-

te, weil sie nicht mit den Nazis kooperieren wollte, hatten sie auf dem Gut Hauslehrer. So bin ich in ein anthroposophisches Haus geboren. Ich war der erste Enkel. Mein Großvater hat mich geliebt und er war immer mein Vorbild. Meine Mutter hat mir und meinem Bruder in der Entwicklung unserer Weltanschauung totale Freiheit gelassen. Wir hätten Waldorfschüler werden sollen, aber bei uns in der Gegend – wir wohnten damals schon im Chiemgau – gab es zu der Zeit noch keine. Die nächste war in München, das war damals eine Riesenreise, diese 85 Kilometer. Deswegen war ich in dem Internat Schloss Stein, wo ich im Künstlerischen und Handwerklichen eigentlich fast alles hatte wie auf der Waldorfschule. Wir haben gemalt, gedruckt, geschnitzt, geschmiedet, getöpfert, geschreinert, wir hatten Buchbinden, Spinnen, Weben, alles, was die Waldorfschule an Handwerken und Künsten anbietet. Chor, Orchester, viele Arbeitsgruppen wie Theater, Philosophie, Fotografie und Kochen wurden ebenfalls angeboten.

„Wie erlangt man Erkenntnisse der höheren Welten?"

MLP: Also mütterlicherseits war deine Familie schon lange mit der Anthroposophie verbunden. Wie bist du selbst darauf gestoßen?
MH: Als ich 17 oder 18 Jahre alt war, hatte ich aus dem Bücherschrank meiner Mutter ein Buch herausgezogen, das hieß „Wie erlangt man Erkenntnisse der höheren Welten?" von Rudolf Steiner[4]. Das interessierte mich. Dann habe ich das gelesen und dachte: Das ist es! Samenkorn-Meditation. Ja, wunderbare Erlebnisse! Ich habe dann aber auch noch verschiedene Ausflüge gemacht, zu Yoga, zu Tao und anderen Sachen. Aber eigentlich ist das so eine Spur, die mich nicht mehr verlassen hat und die seitdem untergründig in meinem Leben drin ist.

Unser Sohn Johannes wollte nicht in den Kindergarten gehen. Brauchte er auch nicht, bei uns hier zu Hause war es ja viel schöner. Wir wohnten damals hier in Thalham. Aber als wir nach Stuttgart zogen in unsere schöne gründerzeitliche Etagenwohnung, stand für ihn der Kindergarten an. Wir waren einen Tag in einem Kinderladen, was damals die allerneueste Entwicklung war. Die Kinder haben nackt auf Matratzenlagern herumgetobt und hatten überhaupt nichts zum Spielen. Die Mütter saßen herum und haben ihre Eheprobleme oder Partnerprobleme besprochen. Also ein Tag und nicht mehr. Das reichte uns. Das war auf jeden Fall nicht unsere Spur!

Da haben wir beide gesagt, gut, also Waldorfkindergarten! Doch der war voll, kein Platz zu haben. Also bin ich jede Woche einmal dort hingegangen und habe gefragt, wann habt ihr einen Platz für unser Kind? Und eines Tages war der Platz da. Das war ein Glück für unseren Sohn und für uns. Ich nahm hier die Spur der Anthroposophie wieder auf. Wir besuchten Vorträge, die Kinder-Eurythmie in der Waldorfschule und lasen Werke von Steiner. Das war während meiner Studentenzeit, in der Diplomphase.

Über Individualität und Lernen

MLP: Ich möchte noch einmal zurückkommen auf den Begriff Begleitung und den ein bisschen schärfen. Du hast schon erzählt, wie du deine Mitschüler begleitet hast.

MH: Das ist ein durchgehendes Motiv von mir, dass ich Respekt habe vor der Individualität des anderen, dass ich den anderen nicht belehre oder ihm etwas überstülpe, sondern schaue, was steckt da eigentlich in ihm drin, was will er eigentlich entwickeln? Ich habe erlebt, dass der andere eigentlich die Lösung immer schon in sich trägt, er bloß noch keinen Zugang dazu bekommen kann. Dazu kann ich vor allem durch Fragen helfen. Das ist Begleitung, aus meiner Sicht.

Deshalb nennen wir in der Lehrerbildung in der Praxis die erfahrenen Lehrer nicht Ausbilder, sondern Ausbildungsbegleiter. Denn jeder Lehrer-Trainee bildet sich selber aus. Du kannst keinen anderen Menschen ausbilden. Du kannst immer nur dich selber ausbilden. Du kannst Bedingungen schaffen, in denen der andere sich selber ausbilden darf oder kann. Auch Schüler können nur selber lernen. Das finde ich so frappant, dass die Lehrer immer meinen, man könne den

Schülern etwas beibringen. Du kannst ihnen nichts beibringen. Du kannst ihnen etwas anbieten, und wenn sie es nicht nehmen, dann haben sie es eben auch nicht. Begleitung heißt also Begleiter sein und nicht Belehrer. Oder Besserwisser, Bestimmer oder so etwas. Daher erklärt sich auch mein Ansatz zur Entwicklungsbegleitung. Trigon, die anthroposophische Unternehmensberatung, mit der ich sehr verbunden bin, nennt sich ja Entwicklungsberatung. Diese Art von Beratung, die viele gute Modelle und Instrumente entwickelt hat, entspricht nicht meinem Anliegen. Mein erfahrungsmäßiges Verständnis von Entwicklung beinhaltet auch, dass ich Entwicklung immer nur begleiten, aber nicht steuern oder gestalten will, indem ich bestimmte Entwicklungsmodelle auf die Entwicklung eines Organismus oder eines Menschen anwende. So hat sich mein Ansatz der Begleitung von Anfang an von Beratung unterschieden. Ich arbeite immer mit der Selbsterkenntnis der beteiligten Menschen und damit der Selbsterkenntnis des sozialen Organismus. Darin liegen für mich die Selbstheilungskräfte des jeweiligen Organismus, denen ich durch meine Begleitung mit geeigneten Methoden, Anleitungen und Moderation Gesprächsräume schaffe, in denen sie sich entfalten und entwickeln können. Als Begleiter von außen habe ich ganz andere Möglichkeiten, solche Entwicklungsräume zu eröffnen und zu halten, als innerhalb einer Organisation.

Weiterhin verstehe ich unter einem ganzheitlichen Ansatz, dass ich möglichst das ganze System, den ganzen sozialen Organismus in seiner Entwicklung begleiten kann. Dafür haben mir die Waldorfschulen immer besonders gute Bedingungen geboten. Ich konnte sehr oft den ganzen sozialen Organismus, also Schüler, Lehrer und Eltern in dem Entwicklungsprozess begleiten. Daher kommt auch, dass mein Schwerpunkt eigentlich immer auf der Verbesserung des Kernprozesses, der Wertschöpfung gelegen ist, denn die unterstützenden und führenden Prozesse müssen aus meiner Sicht ihren Sinn und ihr Ziel immer im Kernprozess haben. Insofern muss der Ursprung der Entwicklung eigentlich aus dem Kernprozess kommen und alle Entwicklungen der anderen Systeme müssen der Entwicklung des Kernprozesses dienen.

Der Garten als Entwicklungsfeld

MLP: Du hast gesagt, du kannst in einer Entwicklungsbegleitung etwas anbieten, aber du kannst auch Bedingungen schaffen. Wenn wir hier in den Garten gucken, ist es ja auch so, dass du den Boden bereitest und Bedingungen schaffst.
MH: Du hast völlig recht, der Garten war für mich immer auch ein exemplarisches Entwicklungsfeld. Bei meinem Wechsel von der Atomphysik zur Architektur habe ich ein halbes Jahr lang hier auf diesem Grundstück einen großen Garten angelegt und alle seine Entwicklungen verfolgt vom Boden bereiten über säen, keimen, sprossen, blühen, fruchten bis zum Absterben im Herbst und der Verwandlung in Kompost für das nächste Jahr. Als wir im Jahre 1998 nach 27 Jahren wieder hierher zurückkamen, fanden wir eine Wildnis vor, die wir seitdem Schritt für Schritt kultiviert haben und in einen blühenden Garten und Park verwandelt haben. Die Arbeit mit den Elementen war für uns immer eine wesentliche Kraftquelle. Der Fluss mit seinen besonderen Qualitäten, Rhythmen, elementaren Gewalten und sei-

Stufen in den Fluss

nen Bewohnern hat mich seitdem auch täglich begleitet. Wie schon gesagt, der Fluss ist in gewissem Sinne auch ein Sinnbild für Entwicklung, denn du steigst niemals wieder in den gleichen Fluss! Er ist ständig in Bewegung, immer wieder neu und doch auch immer wieder gleich.

Als Begleiter muss ich wie im Garten auch die Bedingungen für die anderen schaffen, damit sie sich in ihrer eigenen Spur entwickeln können. Wenn ich mit Schülern arbeite, habe ich den Vorsprung, dass ich das Feld kenne, um das es geht, und ich die Bedingungen dafür schaffe, dass sie in diesem Feld selber entdecken und lernen können. Zum Beispiel habe ich in unserer Waldorfschule immer gerne die Architekturepoche unterrichtet, weil Architektur ja früher mein Beruf war. Dann habe ich die Schüler vorher ein Bild ihrer Wahl malen lassen von einem Bauwerk, das ihnen gefällt. Diese Bilder haben wir uns dann in der ersten Stunde angeguckt – bei 38-40 Schülern hat man ein großes Spektrum, man sieht aus der Architekturgeschichte alle möglichen Sachen – und wir haben sie dann analysiert und gemeinsam diese Vielfalt nach Themen, Stilen und Zeiten geordnet. Dann habe ich sie rausgeschickt, jetzt schaut euch mal unsere Schule und das Gelände an, was entdeckt ihr alles? Dann haben sie alle Elemente entdeckt, die es in der Architektur zu entdecken gibt, und diese haben wir dann zusammengetragen und systematisiert. Ich hatte den Überblick und wusste, worum es geht, und konnte deshalb den Rahmen schaffen, indem sie selbst entdecken konnten. Ich habe immer damit gearbeitet, was sie selbst entdecken. Dann waren es immer ihre eigenen Erkenntnisse, immer ihr eigenes Ding, das sie weiterentwickelt haben. Diese selbst entwickelten Kriterien haben sie dann auf alle Bauwerke angewandt, die wir in Exkursionen besichtigt haben von der Romanik, Gotik, Barock, Rokoko bis zur Moderne.

Es begann mit dem Bauprozess

RdR: Du bist dann von der Konstanzer Universität zur Überlinger Waldorfschule gewechselt.

MH: Wir waren ja Eltern unseres Sohnes Johannes. Durch die Erfahrungen mit Waldorf in Stuttgart, wie schwer es war einen Platz zu bekommen, gewarnt, sind wir, als wir von Stuttgart zur Uni nach Konstanz fuhren, wo ich mich für dieses Forschungsprojekt dort vorstellen wollte, erst in Überlingen-Rengoldshausen vorbeigefahren, um zu erkunden, ob sie Platz für unseren Sohn hätten. Sie hatten dort Mitte September 1972 mit der Waldorfschule angefangen, und wir kamen Ende Oktober. Die Schule war also gerade mal sechs Wochen alt. Wir haben gefragt, ob sie Platz haben für unser Kind. Sie hatten! Ab dann waren wir Mitglieder der Genossenschaft zur Förderung der Freien Waldorfschule am Bodensee.

Sie wollten bauen und ich war sachkundiger Vater. Und ich hatte das in Stuttgart bei den Anthroposophen erlebt, diese eigentlich rechteckigen Räume, und dann schneiden sie da einfach die Ecken ab. Für mich war das architektonisch unmöglich! Das ist doch unwahr! Deshalb habe ich mich von Anfang an als sachkundiger Vater in den ganzen Bauprozess der Überlinger Waldorfschule eingeschaltet und gesagt, wenn ihr baut, will ich da von Anfang an mit dabei sein. Mit einem Lehrer-Vorstand, der für den Bau zuständig war, habe ich dann den gesamten Bau mitentwickelt und bis zu seiner Fertigstellung begleitet. Wir hatten Wilfried Ogilvie von der Alanus Hochschule als Künstler und Gundolf Bockemühl aus Stuttgart als Architekten. Die haben wir zusammengespannt, und das waren sehr spannungsreiche Verhältnisse mit allen.

Es gab damals ganz viele Bausitzungen bei uns zu Hause. Da saßen alle an unserem Esstisch. Antonia hat gut für alle gekocht und dann wurden da die Probleme bewegt und gelöst. Ich habe z. B. darauf bestanden, dass wir eine außenliegende Dachrinne haben. Ogilvie wollte aus plastischen Gesichtspunkten unbedingt eine innenliegende Dachrinne, die im Winter beheizt werden muss. Das war mit uns nicht zu machen; die Dachrinne hängt außen! Ogilvie drohte die künstlerische Oberleitung niederzulegen und spannte sogar das Kollegium dafür ein. Wir blieben konsequent – und so ging es doch weiter.

Es war ein sehr spannender Bauentwicklungsprozess, denn alle meinten, man könne so ein plastisches Dach nicht bauen. Wir haben dann ein ganz neues System entwickelt, weil wir einen sehr guten Statiker hatten, der auch Vermessungsingenieur war. Wir haben gemeinsam mit Ogilvie ein 1:100-Modell gebaut mit dem plastischen Dach mit seinen doppelt gekrümmten Flächen und all den Winkeln, was für ihn schon eine ziemliche Zumutung war. Davon haben wir dann eine Geländeaufnahme gemacht, mit den Höhenlinien. Das wurde der Grundplan für die Zimmerei, da drunter haben die ihre Dachkonstruktion gebaut. Damals gab es die ersten Computer, die das berechnen konnten. (Ähnliches hatte ich vorher in Stuttgart erlebt, als ich Kontakt zum Büro des Architekten Frei Otto hatte, der das Zeltdach für das Olympiastadion in München entworfen und gebaut hat.)

80 Prozent des Baues haben wir in eigener Regie gebaut und hatten dafür eine eigene Bauhütte mit allen Gewerken und auch unsere eigene Zimmerei und Schreinerei.

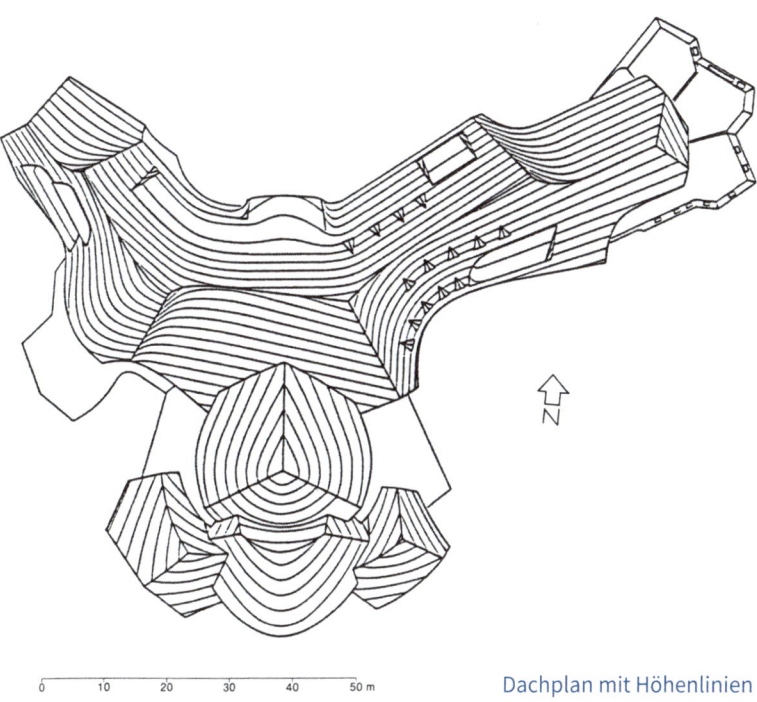

Dachplan mit Höhenlinien

Es begann mit dem Bauprozess

Die Freie Waldorfschule in Überlingen

So habe ich seit 1974 als sachkundiger Vater intensiv den ganzen Planungs- und Bauprozess der Schule begleitet. Die Schule hat dann immer schon an mir gezogen, dort einzusteigen. Ich überlegte, soll ich, soll ich nicht, bis mich die Krankheit eines Besseren belehrt hat. So habe ich letzten Endes elf Jahre lang die Eigenarbeit am Bau angeleitet, weil wir mit den Eltern die Fußböden verlegt haben, die Holzverschalungen angebracht haben, die Wandanstriche gemacht haben, die Lampen gebaut, die Vorhänge genäht haben und manches andere mehr. Also zusätzlich zu meinen anderen Tätigkeiten erst an der Uni Konstanz, dann als Lehrer und geschäftsführender Vorstand habe ich von 1975 bis 1986 elf Jahre lang alle Wochenenden mit Eltern und Schülern an unserem Bau gearbeitet.

Begegnung mit dem NPI

RdR: Da hast du schon dort gearbeitet …
MH: Ja, ich habe dort erst als Vater vier Jahre ehrenamtlich mitgearbeitet, und dann, ab 1978, angestellt als Lehrer. Ich wusste, wenn ich in dieses System reingehe, habe ich nur eine Chance als Lehrer. Das waren damals noch richtige Lehrergründungen, und diese in Überlingen war insofern interessant, weil einer der Gründer, Manfred Hahn, Berater am Nederländisch Pedagogisch Institut (NPI) im holländischen Zeist war.
RdR: Da kommt eine erste Spur.
MH: Ja, genau. Er war NPI-Berater, und das Gründungskollegium hat vor der Gründung der Schule drei Wochen lang ein Sozialtraining mit NPI-Beratern gemacht. Er hat dafür seine Kollegen vom NPI geholt.

Ich durfte damals schon als Vater und Mitglied der Genossenschaft eine wichtige Erfahrung machen. Als die Bauplanung in konkretere Stadien eintreten sollte, mussten wir entscheiden, bleibt die Schule einzügig oder wird sie zweizügig. Das hat das Kollegium entzweit, die einen waren absolut für einzügig, die anderen absolut für zweizügig. Also wurde ich damals als Vater gebeten, das zu moderieren. Das muss 1973/74 gewesen sein. Dann habe ich diesen Prozess moderiert und war fasziniert davon, welche Gesprächskultur dieses Kollegium entwickelt hatte, wie konstruktiv sie mit Gegenargumenten umgegangen sind, wie sie zugelassen haben, dass Menschen ganz anderer Meinung waren und diese, wenn sie ausgerastet sind, getröstet wurden. Aber sie waren immer alle dringeblieben im Prozess. Es ist niemand ausgegrenzt worden. Alle Diskrepanzen wurden ausgehandelt und ausgetragen, bis wir zum Schluss die klare Entscheidung hatten: Zweizügigkeit. Einige sind deshalb wieder ausgeschieden, aber das war in Ordnung. Da war kein Groll. Es war die einzige Schule am Bodensee damals, es war weit und breit keine andere in Sicht. Die hohe Gesprächskultur hat mich überzeugt, so war ich damals schon ein erstes Mal als Entwicklungsbegleiter einer Waldorfschule tätig.

RdR: Und wie ging es dann weiter?

MH: Dann habe ich den ganzen Bauprozess mitgemacht. Das war auch interessant. Dieser eine Vorstand und ich, wir waren die Baubeauftragten. Wir haben immer die letzte Entscheidung gehabt. Es wurde nichts gebaut, was wir nicht freigegeben hatten. Aber in alle wichtigen Sachen haben wir das Kollegium einbezogen, ob es um Formen und Farbgestaltung ging, ob es um die Fenster oder Türen ging. Wir haben da richtig geforscht. Es gibt ja diese Angabe von Steiner, dass die Türen zu den Klassenräumen asymmetrisch gestaltet sein sollen. Wir haben uns Modelle gebaut, symmetrische, Rundbögen, Korbbögen, asymmetrische, und sind immer wieder durchgegangen und haben abgespürt, was macht das mit mir? Steiner beschreibt, es gibt ei-

nen kleinen Ruck, wenn der Schüler durch diese asymmetrische Tür hindurchgeht, der ihn unbewusst wacher macht. Wir wollten prüfen, stimmt das oder stimmt das nicht. Wir haben es geduldig geprüft und dann gemerkt, ja, das stimmt, das macht etwas mit dir, du merkst, im Nicht-Sichtbaren passiert da etwas mit dir. Daraufhin haben wir alle wichtigen Klassenzimmertüren so gestaltet, die übrigen Türen haben wir normal rechteckig gemacht. Das war ein so spannender Forschungsprozess für mich.

Dieser Kollege, der damalige geschäftsführende Vorstand, Uwe Kiecksee – ein hochsensibler Mensch, er ist gerade mit 90 Jahren gestorben – hatte eine sehr geschulte Beobachtungsgabe. Er hatte bei dem Maler Gerard Wagner in Dornach diese spezielle Malmethode gelernt, in der man aus der Beobachtung des Wesens der Farben und ihrer Verhältnisse zueinander die Bilder entstehen lässt und hat diese Methode auf Metalle angewendet. Er konnte die Metallformen der von Rudolf Steiner entwickelten Planeten-Siegel ohne Vorlage aus dem jeweiligen Planeten-Metall heraus entwickeln. Er hat die Kräfte, die da drin waren, während der Bearbeitung des Metalls an dem Glanz beobachtet und abgespürt, so dass daraus die Formen entstanden.

So haben wir auch auf dem noch leeren künftigen Schulgelände in den verschiedenen Himmelsrichtungen die Himmelsfelder abgespürt. Welche Qualitäten leben in diesen Himmelsfeldern? Als wir das erforscht hatten, haben wir den ganzen Bau nicht nach dem Grundstück arrangiert, sondern in diese Himmelsfelder hineingestellt. Was lebt im Nordosten, was im Süden, im Norden, im Westen? So hat sich auch der Bau gestaltet. Er hat ja ganz unterschiedliche Gestaltungen. Die hängen mit diesen Kräften zusammen, die aus den Himmelsfeldern kommen und wirken. Das war ein hochspannendes Forschungsfeld, ich habe hier ungeheuer viel gelernt. Aber es war auch eine Entwicklungsbegleitung auf einer ganz anderen Ebene. Die plastischen Formen haben sich aus dem Abspüren der Kräfte in den jeweiligen Himmelsfeldern ergeben. Uwe Kiecksee war in dem Beobachten viel geschulter als ich, aber ich hatte die Aufgabe, das mit ihm zusammen zu erforschen und dann für die anderen zugänglich zu machen.

NPI und die Begleitung von Waldorfschulen

MH: In der Überlinger Waldorfschule ist mir erstmals das NPI begegnet. Ich war ja durch mein Aufbaustudium Organisationsentwicklung und Management in Konstanz mit dem Gebiet und den Begriffen vertraut. Ich habe mich gleich intensiv mit dem NPI-Ansatz der Gemeinschaftsbildung befasst, und was es alles für Gesetzmäßigkeiten in der Entwicklung von Organisationen gibt. Auch die Gesprächskultur, mit Bildgestaltung und Urteilsbildung zu arbeiten, das sind ja alles NPI-Instrumente gewesen, die wir in der Schule praktiziert haben, insofern war mir das schon vertraut.

MLP: War es dieser Gründungsvorstand, der dich da reingebracht hat?
MH: Ja, der und seine Frau waren die maßgeblichen Schulgründer. Wir hatten damals zwei hauptamtliche geschäftsführende Vorstände, die sich noch zusätzlich einen Geschäftsführer geleistet haben. Ein halbes Jahr nachdem ich in die Schule eingetreten war, wurde ich gefragt, ob ich den Geschäftsführer ersetze, der zur Naturata gewechselt war. Ich habe gesagt, ja, gut, ich mache das ein Jahr lang als Übergang, dann soll es der geschäftsführende Vorstand selbst machen. Nach einem Jahr ist einer der geschäftsführenden Vorstände ausgeschieden, und ich wurde zum geschäftsführenden Vorstand gemacht, ohne es angestrebt zu haben.

Die NPI-Methoden kenne ich seitdem, und wir haben immer wieder einmal einen NPI-Berater zu Schulungen bei uns in Überlingen gehabt. Wir haben z. B. mit Lex Bos, dem NPI-Berater, der die Dynamische Urteilsbildung entwickelt hat, an Biografie und dynamischer Urteilsbildung in der Schule gearbeitet. Wir haben mit Chris Schäfer, der NPI-Berater in den USA war, an Entwicklungsthemen unserer Schule gearbeitet. Also ich hatte immer schon Kontakte zum NPI und habe diese Ansätze studiert.

RdR: Hast du Bernard Lievegoed, den holländischen Arzt, Psychiater, Heilpädagogen und Sozialökonomen, den Begründer und langjährigen Leiter des NPI persönlich kennengelernt?
MH: Leider nein! Wenn wir die NPI-Spur weiterverfolgen: Ich bin 1989 von der Waldorfschule Innsbruck in Österreich gefragt worden in

einem Konflikt, den sie mit mir aufarbeiten wollten. Da bin ich Jack Moens, einem Gründungsmitglied des NPI begegnet, der die Schule in ihrer Entwicklung begleitet hat. Daraus ist eine langjährige Freundschaft entstanden. Ich habe diesen Konflikt bearbeitet und später haben sie mich gefragt, ob ich sie im Aufbau der Oberstufe begleite, denn das konnte Jack Moens so nicht. Ich habe das damals immer, bis ich 1994 neben der Schule halb freiberuflich wurde, gratis gemacht. Wenn ich einen Tag in der Schule gefehlt habe wegen so etwas, dann habe ich diese andere Schule gebeten, meiner Schule 300 DM zu zahlen für meinen Fehltag. Jack Moons hat dagegen seine 1500 DM für jeden Tag verlangt. Und für ihn haben sie alles gemacht und für mich (lacht) nicht unbedingt, denn ich war ja quasi gratis.

Da habe ich allmählich etwas gelernt. Ich musste wirklich erst lernen, wenn du nichts verlangst, ist es auch nichts wert. Aber es ist mir sehr schwer gefallen, Geld dafür zu verlangen, wenn ich begleite. Dabei habe ich ja einen großen zusätzlichen Aufwand gehabt. Wir haben als Waldorflehrer mit geringem Einkommen zum Beispiel immer alte Autos gefahren, haben immer Autos um die 1000 DM gekauft, die noch zwei Jahre TÜV hatten. Mein Audi-Händler hat immer gesagt, Herr Harslem, so günstig wie Sie kommt keiner weg mit den Autos. Aber als ich mehr beraten und begleitet habe, hatte ich keine Zeit mehr, meine Autos selber zu reparieren oder meine Waschmaschine. Auf einmal brauchte ich mehr Geld. Und dann war es für mich auch legitim, dass ich etwas für meine Begleitung verlange.

Da in Innsbruck also ist mir das NPI mit Jack Moens noch einmal begegnet, mit dem ich immer ein gutes Verhältnis hatte. Dann traf ich auch Coen van Houten, einen NPI Berater. Er war zwar nicht mehr direkt beim NPI, sondern schon in England. Er gab seinen ersten Kurs in Deutschland über Erwachsenenbildung, in Frankfurt, im Hof in Niederursel – da ist mir Coen das erste Mal begegnet. Das war interessant, denn sein Ansatz ist sehr erwachsenengemäß und menschenkundlich fundiert, aber sein Seminar war alles andere als ein Muster der von ihm propagierten Erwachsenenbildung. Ich habe dann einfach bestimmte Vorträge von ihm ausgelassen. Ich habe ihm erklärt, ich muss das, was ich jetzt alles Bedeutende gehört habe, erst einmal

verarbeiten. Das hat ihm aber gar nicht gefallen. Aber eigentlich entsprach es seinem Prinzip des Erwachsenenlernens.
RdR: Das ist mir auch aufgefallen. Wir haben auch mit ihm gearbeitet, im Seminar. Dann hat man gelernt, dass er letztendlich ein Verkünder ist, der sich tapfer bemüht, Erwachsenenbildung zu machen, aber methodisch gut, wirklich gut waren seine Seminare nicht.
MH: Ich habe immer gut mit ihm zusammengearbeitet. Aber er ist ja auch sehr schematisch. Über seinen Ansatz des Schicksalslernens habe ich länger mit ihm diskutiert, aber er hat darauf bestanden, dass es sein Schema sein muss, das man einhält.
RdR: Sein erstes Buch über Erwachsenen-Lernen fand ich sehr gut!
MH: Auch ich empfehle immer sein erstes Buch[5].

Naturata und Co.

RdR: Du hast aber auch noch ganz andere Initiativen ergriffen.
MH: Als ich damals in der Waldorfschule eingestellt wurde, habe ich gesagt, ich komme als Lehrer, aber ich begleite auch den Bau und ich will mit einem Viertel für Umwelt- und Umfeldprojekte zuständig sein. So haben wir 1976 die Naturata gegründet, als ersten Genossenschaft-Naturata-Laden, dazu haben wir dann auch gleich einen Großhandel eingerichtet, weil wir gesagt haben, wir müssen einfach viel mehr machen als nur Schule. Wir müssen für gesunde Lebensmittel und Kleidung sorgen, aber auch neue Sozialformen schaffen, zum Beispiel Anbauverträge mit den Landwirten abschließen. Das war eigentlich ein Vorläufer von SoLaWi, der Gemeinschaften für solidarische Landwirtschaft, um Landwirtschaftsgemeinschaften zu fördern, also Initiativen, in denen die Abnehmer sich aktiv und finanziell an einem Hof beteiligen. Bis 1998 war ich dann Aufsichtsratsvorsitzender der Naturata-Genossenschaft. Als Ableger der gemeinnützigen Treuhandstelle in Bochum haben wir auch eine Gemeinnützige Treuhandstelle am Bodensee (GTB) gegründet, um Entwicklungsprojekte vor allem im Bodenseeraum zu fördern, bei der ich bis 1998 Mitglied im Vorstand war. Es ging und geht immer um Weiterentwicklung.

Entwicklungsbegleitung

RdR: Die Entwicklungsbegleitung ist früh in dir verankert. Und du hast Menschen getroffen, die diesen Gedanken auch hatten. Davon waren einige vom NPI.

MH: Genau. 1986 bin ich von außen das erste Mal gefragt worden, ob ich eine Waldorfschule in Baden-Württemberg begleite. Sie hatten einen Konflikt zwischen Kollegium und Vorstand. Sie hatten über ein Wochenende ein Tagungshaus gemietet und fragten, können Sie uns da helfen? Ich habe etwas blauäugig ja gesagt. Es war gut, erfolgreich. Wir haben alles lösen können, so dass die Widersprüche und Vorwürfe aufgearbeitet wurden und wieder Friede einkehrte. Das war sozusagen das Pilotprojekt, das ich außerhalb meiner eigenen Schule begleitet habe.

In den Schulen war mir auch immer ein Anliegen, dass ich deren Entwicklungen begleite und nicht meine Ideen durchsetze. Ich hatte natürlich in meiner eigenen Schule – das kennt ihr ja auch – bestimmte Grenzen. Ich wollte auch die Oberstufe an unserer Schule mit neu entwickeln. Aber da hieß es immer: Nein, ordne dich mal schön unter, mach das so, wie wir das wollen.

In der Freien Waldorfschule Innsbruck haben wir den Aufbau der Oberstufe als Praxisforschungsprojekt angelegt. Wir stellten uns die Frage: Was brauchen Schüler in der jeweiligen Klassenstufe? Was berechtigt uns, ihre Lebenszeit mit den Fächern zu belegen? Jahr für Jahr haben wir das aufgebaut. Das war hochspannend, weil ich so viel gelernt habe, was die verschiedenen Fächer in der Entwicklung der Kinder, der Jugendlichen bedeuten. In der 9. Klasse z. B. kann man das Motiv der Umstülpung studieren. Seelisch erlebt man den inneren Umstülpungsprozess der Pubertät im Unterricht, hast du im Schneidern die Umstülpung. Du nähst links und stülpst um und dann ist es richtig. Du hast in der Eurythmie die Umstülpung. Wir haben gemeinsam geforscht, was machen die einzelnen Fächer, welche inneren Gesten haben sie, und was entwickeln die Schüler daran?

MLP: Und die Methoden, die du angewendet hast, hast du die beim NPI kennengelernt?

MH: Ja, und auch viele andere, ich hatte ja vorher schon an der Uni Konstanz mein Aufbaustudium Organisationsentwicklung absolviert. Dadurch war ich auf dem aktuellen Stand der OE und ihrer Ansätze und Instrumente. Mit meinem sehr geschätzten Kollegen Prof. Gerd Junne in der Uni Konstanz habe ich z. B. eine Einführungsveranstaltung in die Sozialwissenschaft neu konzipiert. Erstes Semester, 160 Studenten, da war nur Vorlesung üblich. Wir haben uns gesagt, wir müssen einen anderen Griff darauf kriegen. Dann haben wir im zweiten Semester für die ehemaligen Erstsemester, die ja die Inhalte schon kannten, eine Tutorenschulung angeboten, so dass die von uns über 30 zu Tutoren ausgebildeten Zweitsemester die nächsten Erstsemester in kleinen Gruppen betreuen können. Die nächsten 160 Studenten im ersten Semester haben wir dann auf etwa 30 angeleitete Kleingruppen aufgeteilt, so dass sie viel individueller lernen konnten. Das war einfach gut. Wir haben auch inhaltlich sehr interessante Sachen entwickelt, z. B. „Wie wehre ich mich gegen Übergriffe von Assistenten oder Professoren? Wie erkunde ich die Bibliothek? Was ist der geheime Lehrplan, mit dem wir in der Uni sozialisiert werden?" Der Ansatz war, dass zu einer Einführung in die Sozialwissenschaft auch die Einführung in ihre Uni-Bedingungen und deren Reflexion dazugehören, so dass die Studierenden die Sozialwissenschaft gleich auf ihre eigene Situation in der Uni anwenden lernen.

Forschung

RdR: Du hast ganz oft – schon von Anfang an, fast schon seit der Schule – gesagt, ich habe das erforscht. Der Forschungsgedanke dieser Entwicklung scheint dir primär, wesentlich zu sein. Kannst du etwas dazu sagen?
MH: Erforschen heißt für mich, dass ich in eine Frage zu einem Weltgebiet offen reingehe und an den Phänomenen die Erfahrung machen will, was sich da ergibt. Forschen heißt für mich nicht, verschiedene Bücher zu lesen und daraus etwas zusammenzufassen, was dann

angeblich eine neue Erkenntnis sein soll. Ich habe immer Feldforschung betrieben. Mit meinen Studenten der Uni Konstanz habe ich auch Bürgerinitiativen erforscht. Wir waren in Whyl am Kaiserstuhl und haben mit den Winzern in ihrem Hüttendorf auf dem Gelände des geplanten Kernkraftwerks diskutiert und erfahren, wie organisiert ihr euch, wie macht ihr den gewaltlosen bürgerlichen Widerstand? Es war ja das einzige Kernkraftwerk, das verhindert werden konnte, obwohl Militär eingesetzt wurde und alles Mögliche versucht wurde, den Widerstand zu brechen. Wir haben Bürgerinitiativen erforscht und eben auch Projekte der Selbstverwaltung. Wir haben z. B. das erfolgreiche jugoslawische Selbstverwaltungsmodell untersucht oder den Ansatz von Trotzki, wie der die Rote Armee aufgebaut hat. Hochinteressant: Immer acht Menschen, die eine Gruppe bilden, die selbstorganisiert ist, die einen von ihnen delegieren in die nächste Stufe, mit wieder acht, die sich selbst organisieren, vertrauen und kennen, und die auch wieder einen delegieren in die nächstfolgende Stufe usw. Zur Forschung gehört für mich, die Phänomene nach expliziten erkenntnisleitenden Ideen zu untersuchen, und dass die Methode, die Durchführung und die Auswertung dokumentiert und damit für Dritte nachvollziehbar gemacht werden.

Deshalb war für mich diese Waldorfschule, die behauptete, dass sie selbstverwaltet sei, von Anfang an auch ein Forschungsprojekt für meine Feldforschung: untersuchen, wie macht ihr Selbstverwaltung? Da habe ich auch viele missliebige Sachen erlebt, die reformbedürftig waren. Aber ich hatte von vornherein den Vorteil, dass es immer zwei geschäftsführende Vorstände gab, die letztlich die Unternehmer der Schule und dadurch handlungsfähig waren. Ich habe während meiner Zeit von 1978 bis 1998 vier verschiedene Kompagnons im Vorstand gehabt. Meine Rolle als Unternehmer der Schule habe ich immer so verstanden, alle anderen zu unterstützen, dass sie ihre Sache am besten machen können – und nicht, dass ich irgendwas bestimme. Ich muss ja mit der Mannschaft arbeiten, die ich habe, denn die erledigt unsere gemeinsamen Aufgaben. Und ich kann helfen, dass das für die Kinder und Jugendlichen, aber auch für die Erwachsenen möglichst gut gelingt.

Meine Krise in der Überlinger Schule

MLP: Bist du denn in deiner Unternehmerrolle akzeptiert worden?
MH: Also nochmal zu meiner Rolle im Überlinger Kollegium. Vielleicht auch ein interessanter Punkt für euch. Ich war eigentlich sehr gut akzeptiert, hatte viele Gestaltungsmöglichkeiten. Während der ganzen Bauzeit waren alle froh, da ein Team, Uwe Kiecksee und mich, zu haben, das unternehmerisch tätig ist. Es gab 1986, nach Abschluss des 11-jährigen Bauprozesses, in meiner Schule von den informellen Machthabern, die es in jeder Organisation gibt, den Eindruck, ich wäre zu mächtig geworden. Dann haben sie von mir gefordert, dass ich alles loslasse, drei Monate rausgehe aus der Schule. Ich wusste, wenn ich es auf einen Kampf hätte ankommen lassen, hätte ich wahrscheinlich gesiegt, weil die Mehrheit des Kollegiums hinter mir stand. Aber ich wollte unsere Schule nicht spalten. Also bin ich gegangen, habe drei Monate Auszeit gemacht. Ich durfte nicht einmal selbst mitteilen in unserem Mitteilungsblatt, dass ich jetzt beurlaubt bin. Sondern es wurde gesagt, ich hätte so viel für den Bau getan und hätte nun wohlverdient drei Monate frei. Ich durfte auch nicht auf die Mitgliederversammlung gehen, obwohl ich ja geschäftsführender Vorstand war.

Mein Vorstandskollege, eigentlich ein Freund, der damals schon länger in Konkurrenz zu mir gestanden hatte, hat dann ein Lieblingsprojekt von uns beiden im Kollegium zur Entscheidung gebracht. Nach dem Schweizer Modell wollten wir bei uns das Kollegium als Unternehmergemeinschaft aufstellen. Ich hatte alles geregelt, ich war in Hannover und in Bremen, habe mit Genossenschaftsrechtlern und Steuerberatern alle Dinge geklärt, dass das geht, dass wir das machen können. Während ich weg war, hat er das eben zur Abstimmung gebracht. Damals hatten wir noch das Einmütigkeitsprinzip. Es durfte also kein Veto geben. Von 85 Kollegen waren fünf explizit dagegen und 80 dafür. Damit war das durchgefallen, gestorben, das Projekt, das ich sehr gerne ausprobiert hätte. Wäre ich dagewesen, hätte ich gesagt: gut, dann stellen wir Euch fünf eben als Angestellte an. In Graz ist das dann noch einmal erfolgreich versucht worden.

Als ich damals aus meinem „Exil" zurückkam, habe ich gesagt, ich mache jetzt nichts mehr, außer dem, was ihr mir bewusst übertragt. Und dann hatte ich letztlich mehr als vorher. Ich war dadurch offen geworden für Neues, das auf mich zukommen wollte. Erst einmal war mir das gar nicht so deutlich, bis ich eine Anfrage von einer anderen Waldorfschule bekam, ob ich ihnen helfen könnte. Hier beginnt wieder eine neue Spur.

Die Begleitung von Waldorfschulen beginnt

MLP: Da warst du aber immer noch geschäftsführender Vorstand der Schule?
MH: Ja, die ganze Zeit, noch zwölf Jahre. Dann kamen immer mehr Fragen von anderen Schulen.

Im Sommer 1986 rief eine Freundin von früher an und sagte, wir haben hier in München eine neue Waldorfschul-Initiative. Es ist so schwierig, kannst du uns nicht einen Vortrag über Waldorfpädagogik halten? Ich halte nicht gerne Vorträge, dachte aber, na gut, dir zuliebe … Als ich dann kam, war aber die Initiative in einer Krise. Sie wollten einen Verein gründen, aber da war ein Lehrer, der schon in einer Berliner Waldorfschule in Konflikte verwickelt war, der wollte der Vorstand in dieser Initiative sein. Dann kam ein Vorstandsmitglied des Bundes der Freien Waldorfschulen aus Stuttgart und hat die Gründungsversammlung gesprengt und gesagt, das darf nicht gegründet werden mit diesem Menschen. Und ich sollte also hier den Vortrag halten. Es saßen da so 60 oder 80 Leute erwartungsvoll, aber traurig vor mir herum. Ich sagte, so kann ich euch keinen Vortrag halten, kommt, wir setzen uns jetzt in einen Kreis, und ich frage euch, was ist bei euch los? Was wollt ihr machen?

Damit fing der erste große von mir begleitete Entwicklungsprozess an, der dann zur Gründung der Ismaninger Waldorfschule führte. Das war meine erste Schule, die ich eine Reihe von Jahren intensiv begleitet habe. Sie hatten vorher schon mit Ute Büchele von der Gesellschaft für Ausbildungsforschung und Berufsentwicklung München (GAB) gearbeitet, mit ihr habe ich dann noch die ersten Module zusammen geleitet. Das war mein Kontakt zur GAB und zu Michael Brater, der viele Jahre lang sehr konstruktiv war. Ute Büchele hat dann später auch in meiner Ausbildung für Entwicklungsbegleiter mitgearbeitet.

RdR: Warst du da schon im Vorstand des Bundes?

MH: Nein, in den Bundesvorstand kam ich erst 1989. Aber ich war vorher schon einige Jahre im Vorstand der LAG der Freien Waldorfschulen in Baden-Württemberg.

Ausbildung von Entwicklungsbegleitern

MLP: Jetzt fiel das Stichwort Ausbildung für Entwicklungsbegleiter. Wie ist es dazu gekommen?

MH: Ich war also ab dann beratend in einzelnen Waldorfschulen tätig und erlebte dabei, wie dringend nötig eine professionelle Entwicklungsbegleitung in der Waldorfbewegung war. 1990/91 war ich schon im Bundesvorstand, so hatte ich die Möglichkeit, alle Berater, die in der Waldorfszene in Deutschland beraten haben, zu Beraterkonferenzen zusammenzurufen. Das waren damals noch alles erfahrene Waldorflehrer, die ehrenamtlich als Berater tätig waren. Es kamen 70 bis 75 Leute und ich sagte, wir müssen irgendetwas wie ein Beratungsinstitut im Bund der Freien Waldorfschulen gemeinsam entwickeln, weil die Schulen das jetzt zur Begleitung ihrer Entwicklung brauchen. Dann hieß es, nein, unmöglich, nicht notwendig, wir machen das schon so weiter wie bisher. Wir wissen, wie es gehen soll, und sagen den Schulen das. Ich habe dann eine zweite Konferenz einberufen und den holländischen Schulbegleitungsdienst eingeladen, denn hier hatte ich schon gute Kontakte aufgebaut.

Die Holländer stellten dann ihren Ansatz vor und sagten, so etwas Ähnliches könntet ihr als viel größere Schulbewegung doch auch machen. Dann hieß es wieder: nein, unmöglich. Mir war aber klar, wir müssen etwas machen, um den Schulen in ihrer Entwicklung zu helfen. Und wenn der Bund das nicht will, dann mache ich es eben aus

meiner Initiative. Dann entwickelte ich erst mit Kollegen vor allem aus Nordrhein-Westfalen ein Jahr lang, wie man so ein Beratungsinstitut im Bund aufbauen könnte. Die Kolleginnen und Kollegen griffen viel von meinen Erfahrungen ab, sind dann aber ausgestiegen. Zu mir sagten sie: „Mit Ihnen machen wir nicht weiter, Sie sind viel zu anspruchsvoll."

Und sie haben dann mit einem Professor für Schulentwicklung in Bielefeld eine „Schnellbleiche" gemacht, vier Module, und dann waren die 20 Waldorflehrer schon Schulberater. Sie haben zehn Schulen gefunden, die sie beraten konnten, und sind da immer zu zweit hingegangen. Letztlich sind dann alle in gewisser Weise gescheitert, weil sie einfach zu wenig gelernt hatten, mit der Dynamik der durch Veränderungsprojekte ausgelösten Prozesse umzugehen. Das war damals dem Ansehen von Schulberatung in der Waldorfbewegung abträglich. Bei jedem Veränderungsprozess kommen die im System liegenden heißen, aber vor allem die schon nicht mehr bemerkten

Ausbildung von Entwicklungsbegleitern

kalten Konflikte zum Vorschein und werden virulent. Deshalb müssen aus meiner Sicht Entwicklungsbegleiter gelernt haben, mit diesen Dynamiken gut umzugehen und sie adäquat zu bearbeiten. Ich hatte von dem Organisationsberater Prof. Friedrich Glasl, der gemeinsam mit Kollegen Trigon Graz gegründet hatte, gelesen, dass in seine OE-Werkstatt auch immer mal einzelne Waldorflehrer kamen.

Ich habe Fritz Glasl angerufen und ihm gesagt, dass ich so etwas für die Waldorfschulen machen will, und ihn gefragt: „Wären Sie bereit, dafür mit mir zusammenzuarbeiten?" Zwischendurch – das war auch lustig – hatte mich die Grazer Schule gefragt, ob ich sie begleite, da sie Entwicklungsprobleme hatten. Die Trigon-Berater hatten eine Befragung von Eltern und Schülern gemacht mit Ergebnissen, die zum Teil nicht so erfreulich waren. Sie wollten nun zur Bearbeitung dieser Situation eine externe Entwicklungsbegleitung haben. Da waren lauter Trigon-Berater als Eltern. Trude Kalcher, Hannes Piber und andere luden mich ein, mit ihnen und mit der Schule zu arbeiten. Das war sehr nett, das war kooperativ. Wir arbeiteten Hand in Hand. Und sie waren froh, dass ich von außen dazukam.

Mit Fritz Glasl traf ich mich dann in Starnberg. Er hatte einen neuen Kollegen mitgebracht, Harald Jäckel, ein ehemaliger Waldorflehrer in Bad Nauheim. Dann saßen wir drei da und ich sagte, ich will eine Ausbildung machen für Entwicklungsbegleiter von Waldorfschulen, welches Konzept können wir da verfolgen? Dann planten wir drei Jahre grob durch, wovon das mittlere Jahr dem Trigon-Konzept gewidmet war und dort der OE-Kurs von Trigon eingebaut war. Im ersten Jahr wurde an den Grundlagen gearbeitet, im dritten Jahr gab es hauptsächlich das Thema Konflikt mit Fritz Glasl und Mediation mit Prof. Angela Mickley von der FHS Potsdam, dann Qualitätsentwicklung der GAB mit Ute Büchele, Wege zur Qualität von Udo Herrmannstorfer in Dornach, Rudi Ballreich von Trigon waren dabei und andere. So haben wir die erste Entwicklungsbegleiter-Ausbildung aufgebaut. In der du, Raymond, von 1996 bis 1999 auch drin warst.

Mir war immer ein Anliegen, dass die Menschen, die sich da ausbilden, alle aktuellen Strömungen der Unternehmensberatung, der OE, der Personalentwicklung, der Mediation und Konfliktbearbeitung etc. mitbekommen und auch alle Konzepte, die es im Waldorfbereich gab, kennenlernen! Deswegen lud ich auch Jaap de Boer vom holländischen Schulbegleitungsdienst ein, mit uns am Konzept des holländischen Schulbegleitungsdienstes und am selbstverantwortlichen Lernen zu arbeiten. Das Interessante am holländischen Schulbegleitungsdienst war: Das waren 22 Menschen, davon waren 16 Pädagogen, vier Organisationsberater und zwei Psychologen für insgesamt ca. 50 Waldorfschulen. Die haben eng mit der Hochschule in Zeist zusammengearbeitet und haben z. B. das Rechnen in Bewegung entwickelt. So etwas schwebte mir auch vor. Wir haben auch eine Hochschule und wir könnten doch neue Konzepte für die Waldorfpädagogik entwickeln! Aber leider wurden meine Angebote zur Kooperation damals – und eigentlich bis heute – von den Seminaren und Hochschulen nicht angenommen. Das war alles nicht gefragt.

Wir haben damals in die Ausbildung der Entwicklungsbegleiter auch den Vorstand des Bundes der Freien Waldorfschulen mit Dozenten aus Stuttgart einbezogen, damit der Bund ein Bild von unserer Ausbildung von Entwicklungsbegleitern für Waldorfschulen bekommt. Ich habe auch Christoph Wiechert, den damaligen Leiter der Pädagogischen Sektion in Dornach eingeladen. Dort hat man uns aber eher misstrauisch beäugt und war damit eigentlich nicht einverstanden, weil sie eigentlich Menschen waren, die ihre Erkenntnisse weitergeben wollen. Die andern sollen tun, was sie sagen. Mit dem Erfahrungsweg, den wir konsequent gingen, hatten sie es schwer.

So hat es begonnen, und ich wollte dieses Konzept wenigstens über eine Koordinationsstelle des Bundes für Schulberatung analog dem holländischen Schulbegleitungsdienst im Bund verankern. Das war jedoch nicht möglich. Die Koordinationsstelle habe ich dann jahrelang ehrenamtlich betrieben. Wenn Anfragen der Schulen an mich gekommen sind, habe ich sie an die von mir ausgebildeten Entwicklungsbegleiterinnen und Entwicklungsbegleiter weitergegeben. Der Bundesvorstand war aber nie bereit, das in den Bund zu übernehmen.

MLP: Ein Notfalltelefon?

MH: Ich hatte allen von mir Ausgebildeten angeboten, dass ich ihnen beratend zur Seite stehe, wenn sie mich brauchen. So wurde ich manchmal auch noch abends um 23:00 Uhr angerufen, wenn jemand in einer Schule gerade an gewisse Grenzen gestoßen war.

MLP: Selber zu Trigon zu gehen, hat dich aber nie gereizt?

MH: Sie haben schon an mir gezogen, aber ich wollte unabhängig bleiben. Ich schätze die Trigon sehr und habe immer gut mit ihnen zusammengearbeitet. Mich aber in eine solche Organisation reinzubegeben, war nicht meins.

Im ersten Kurs der Entwicklungsbegleiter haben wir schon das erste Konzept für die Mentorenausbildung entwickelt und dem Bund angeboten. 1997 oder sogar früher schon. Die Ausbildung hatte ja 1996 begonnen. Auch das wurde vom Bund nicht angenommen. So mussten wir es dann nicht im Bund, sondern jeweils persönlich als Angebot machen. Da warst vor allem du, Raymond, aber auch Brigitte Pietschmann jahrelang sehr hilfreich tätig. Inzwischen ist eine Mentorenausbildung selbstverständlich geworden.

RdR: Im ersten Modul haben wir gesagt, wir setzen uns in den Mittagspausen zusammen und haben dort in Loheland das Konzept entwickelt.

MH: Für den zweiten Kurs haben wir für die Auswahl der Bewerber das Assessment entwickelt. Diejenigen, die den ersten Kurs gemacht hatten, waren die geschulten Beobachter. Wir führten dann drei Assessments für den zweiten Kurs durch. Beim ersten Kurs gab es 120 Anfragen, die alle noch durch persönliche Gespräche mit mir bearbeitet wurden. Beim zweiten Kurs gab es noch über 80 Anfragen, und über 40 begaben sich dann noch durch die Assessments, so dass ungefähr 20 übriggeblieben sind … Wir haben das von uns entwickelte Assessment Center dann dem Bund und dem Seminar in Stuttgart angeboten für die Auswahl ihrer Bewerber, aber es war kein Interesse dafür da.

MLP: Das waren noch Zeiten! Heute ist man froh, wenn sich genügend Menschen finden, um eine Ausbildung stattfinden zu lassen.

MH: Damals waren die Teilnehmer des ersten Kurses die ersten speziell dafür ausgebildeten Berater in der ganzen Waldorfbewegung. Da war das NPI noch nicht in den deutschen Waldorfschulen bekannt, das IMO, das Institut für Mensch- und Organisationsentwicklung, das von Adriaan Bekman gegründet wurde, gab es damals noch nicht. Adriaan Bekman war noch NPI-Berater. Er hat erst später das NPI verlassen und dann IMO aufgebaut. Auch die anderen heutigen Institute gab es damals zum Teil noch nicht. Die GAB war kaum in den Waldorfschulen, sondern vor allem in der beruflichen Bildung tätig. MIRA, die Beratergruppe aus Staufen und Neuseeland gab es zwar, aber die hatten mit Waldorf eigentlich noch nichts zu tun. Deswegen waren wir die ersten, die in dieses Feld der Waldorfschulen als Entwicklungsbegleiter professionell hineingegangen sind.

MLP: Hat sich das dann noch ausgeweitet?

Internationale Kontakte

MH: Ja. Ich bin dann von immer mehr Waldorfschulen, auch von verschiedenen Schulen aus Österreich, Italien, der Schweiz für eine Begleitung gebeten worden. Dann bin ich 1998 gefragt worden, Mitglied der ASD zu werden, der Association for Social Development, der weltweiten Vereinigung der Berater auf anthroposophischer Grundlage. Die ASD hat die eigenen Beraterschulungen des NPI abgelöst, nachdem das NPI überall auf der Welt Ableger gegründet hatte, z. B. in Brasilien, USA, Kanada, Australien, Südafrika. Damals musstest du ein eigenes Feld haben, auf dem du nachgewiesenermaßen kompetent und erfolgreich bist als Berater, um auf Vorschlag eines Mitgliedes in die ASD aufgenommen zu werden. Du brauchtest drei Paten, musstest mit ihnen Projekte machen und konntest nach einer zweijährigen Wartefrist dann Mitglied werden. Ich bin 2000 sozusagen als Waldorf-Spezialberater aufgenommen worden, in Kapstadt, Südafrika. Meine Paten waren Ute Büchele, Fritz Glasl und Harald Jäckel. Jedes Jahr treffen wir uns in der ASD eine knappe Woche lang jeweils in einem anderen Land zu gemeinsamer Fortbildung und Weiterentwicklung. Das ist immer sehr interessant, weil man neue Impulse mitbekommt, die weltweit diskutiert werden. So habe ich dort 2000 das erste Mal den Presencing Prozess von Claus Otto Scharmer mit meinen Kollegen durchgemacht.

Akademie für Entwicklungsbegleitung

RdR: Wie kam es denn zur Gründung der Akademie für Entwicklungsbegleitung von Menschen und Organisationen?
MH: Die erste Entwicklungsbegleiter-Ausbildung habe ich noch über die pädagogische Forschungsstelle des Bundes der Freien Waldorfschulen abgewickelt. Ich war ja im Bundesvorstand, war akzeptiert und hatte gute Kontakte. Dann bekam die Forschungsstelle Zweifel: Das ist nicht unser eigentlicher Satzungszweck. Ja gut, sagte ich, dann muss ich einen eigenen Träger gründen. Wir gründeten dann 2000 als die Referenten und die Teilnehmer des ersten und des zweiten Kurses die gemeinnützige Akademie für Entwicklungsbegleitung von Menschen und Organisationen e. V., die Träger war für die nächsten beiden Ausbildungen und für eine ganze Reihe von Forschungsprojekten.
RdR: Bei der dritten Ausbildung waren nicht mehr so viele Anmeldungen.
MH: Ja. Es wurde auch mit der Finanzierung schwieriger. Aber es gab immer noch Stipendien von Stiftungen und Privatpersonen, die diese Ausbildung für einzelne ermöglicht haben. Ich habe diese drei Kurse selbstorganisiert angelegt und nach dem Kostendeckungsprinzip finanziert. Ich habe immer alle Kosten transparent gemacht und wir haben gemeinsam daraus die Teilnehmerbeiträge errechnet. Die Verwaltung der Finanzen hatte ein Teilnehmer übernommen.
RdR: Das ist hochinteressant. Wir haben ja für den vierten und fünften Kurs ein anderes Konzept entwickelt und die Frage der Finanzierung hat bei uns nie diese Rolle gespielt. Die Leute sind gekommen, haben das bezahlt, was es gekostet hat. Es war wie eine andere Zeit. Man hat etwas gewollt und war bereit, dafür zu bezahlen.

Wirksamkeit in der Waldorfbewegung

MLP: Wie erklärst du dir, dass du so viele Menschen ausgebildet hast und in der Entwicklungsbegleiter-Landschaft so viele davon nicht mehr zu sehen sind?

MH: Das ist aus meiner Sicht gar nicht so, wie es für dich scheinen mag. Zum einen endete der erste Kurs vor 23 Jahren und es sind manche schon gestorben, wie Renato Cervini, der in der Schweiz viel beraten hat. Wir hatten zu Anfang viele Schweizer dabei. Auch der Schweizer Jean Riggenbach ist gestorben. Judith Bigler hat einen staatlichen Schulbegleitungsdienst im Kanton Thurgau mitaufgebaut und war für die Rudolf-Steiner-Schulen zuständig, Roland Hunziker hat z. B. in St. Gallen die Rudolf-Steiner-Schule saniert. Es haben schon viele etwas gemacht. Die drei Entwicklungsbegleiter, die sich in Septeam zusammengeschlossen haben, haben sich gleich selbstständig gemacht und waren viel im Bereich Kindergarten tätig.

Wir hatten damals schon versucht, eine Gruppe zusammenarbeitender Entwicklungsbegleiter zu gründen. Ich habe mit Birgit Abraham-Schönecker und dir, Raymond, viele Jahre am engsten zusammengearbeitet, später kamen noch andere dazu. Das wurde dann das Forum Entwicklungsbegleitung der Akademie. Aber es hat sich immer wieder ausgedünnt. Die Septeam wollten gleich ihr Eigenes machen und haben nicht mehr mit uns zusammengearbeitet. Bruno Wegmüller hat im Camphill-Bereich beraten, war aber treu im Forum dabei. Rainald Grugger war und ist vor allem in Österreich beratend tätig. Viele andere haben auch noch beraten, aber eben neben ihrer Lehrertätigkeit oder neben einer anderen Tätigkeit oder als interne Entwickler in ihrer Schule. Alle haben aus dem Ansatz der Entwicklungsbegleitung heraus gearbeitet, haben sich an den Notwendigkeiten ihrer Klienten orientiert und jeweils ganz spezielle Prozesse mit ihnen angelegt und begleitet.

RdR: Ich würde sagen, die Impulse sind stärker weitergegangen und haben sich in der Waldorfschulbewegung als fruchtbar erwiesen.

MH: Ja, und dann gab es so unglückliche Leute wie den einen, der hochmelancholisch war. Ich habe ihm geraten: Behalte deine Stelle und baue das Beraten langsam daneben auf. Aber nein, er kündigt gleich alles, will Berater sein, wird aber nicht gefragt, kommt nicht richtig an und wird immer melancholischer, was seiner Beratungstätigkeit nicht genützt hat.

RdR: Hat dich das enttäuscht, dass das nicht so gewachsen ist?

Das Leben nehmen wie es ist

MH: Das Leben ist das Leben. Einer meiner Grundsätze ist schon immer: annehmen, was ist. Wenn ich nicht annehme, was ist, kann ich gar nichts verändern. Das sagt auch Steiner: Du musst es nicht nur annehmen, sondern sogar lieben lernen.

In dem Zusammenhang ist vielleicht eine biografische Episode von mir wichtig. Meine Großeltern haben in Schlesien das auf biologisch-dynamische Wirtschaftsweise umgestellte Gut verkauft, nachdem es 1929 während der Wirtschaftskrise von einem der Verwalter ausgeraubt worden war, indem er die große Kuhherde und die ganze Technik und landwirtschaftlichen Geräte bei Nacht und Nebel über die polnische Grenze verschoben hatte, und sie haben davon nur noch ein kleines Haus behalten mit 300 Morgen Land. Dort bin ich dann geboren. Im Januar 1945 mussten wir vor den russischen Truppen fliehen; ich war neun Monate alt. Ein Teil unserer Familie – meine Mutter und ich, meine Tante und meine vier Monate alte Cousine, meine Urgroßmutter und mein Großvater – sind im Auto gen Westen gefahren, die anderen bei 25 Grad Kälte und hohem Schnee im Treck mit Wagen, die von Pferden oder Ochsen gezogen wurden.

Wir übernachteten eine Nacht bei Verwandten in Dresden. Mein Großvater telefonierte am Nachmittag mit meiner Großmutter, die in Joachimsthal war, im Sudetenland. Sie sagte, es ist komisch, es sind so viele Flieger in der Luft. Mein Großvater sagte, dass Dresden Lazarettstadt sei. Da passiert nichts, du musst keine Sorge um uns haben. Dann kam aber die Bombennacht vom 13. Februar 1945. Wir waren in verschiedenen Kellern. Der Keller mit den beiden jungen Frauen wurde verschüttet. Es gab nur noch einen brennenden Ausgang. Die beiden haben ihre Pelzmäntel umgedreht, die Kinder eingewickelt und sind durch die Flammen rausgelaufen. Alle anderen sind im Keller erstickt. Am nächsten Morgen haben sich alle von uns wiedergefunden. Meine Mutter bebte und zitterte immer, wenn sie davon erzählte. Auf dem weiteren Weg aus der Stadt hinaus kamen die Tiefflieger und haben die Flüchtlinge beschossen, Bomben sind gefallen. Alles warf sich in den Graben. Und es sind nur ein paar wieder aufgestanden und weitergelaufen. Aber wir sind immer wieder aufgestanden und weitergelaufen. Später sind wir in Sachsen untergekommen. Da waren erst die amerikanischen Truppen. Ende Juni zogen sie über Nacht ab, dann kamen die russischen Besatzer. Wir kamen da ein halbes Jahr lang nicht heraus. Wir sind dort fast verhungert. Erst an Neujahr auf 1946 konnten wir nach Bayern ausreisen, weil mein Vater sich dort aufhielt. Der war in amerikanische Kriegsgefangenschaft gekommen. Er konnte Englisch und war als Übersetzer für den Bezirkskommandanten der Besatzungstruppe tätig.

Als Kind schon hatte ich immer das Gefühl, ich bin damals bewahrt worden, ich kann mein Leben nicht vergeuden. Ich habe zwar gespielt und als Jugendlicher auch manchmal Unsinn gemacht, aber dachte immer, das ist doch Lebensvergeudung. Mein Urvertrauen ist trotz alledem nicht erschüttert worden. Das überlebt zu haben, als Lebensgefühl, das begleitet mich das ganze Leben durch, so dass ich auch nie Angst hatte.

Vorbilder

MLP: Hattest du Vorbilder?
MH: Ja, einige. Ich hatte von Kind an ein großes Vorbild, das war mein Großvater. Mein Großvater ist in einem damals sehr reichen Haus aufgewachsen; in Breslau in einer der größten Gründerzeit-Villen mit 24 Zimmern – und er hat alles verloren, durch den Krieg! Dieser Mann war im Ersten Weltkrieg Kavallerist bei den Grünen Husaren gewesen, ein leidenschaftlicher Reiter. Dann Unternehmer in Schlesien. 1946 war auch er hier nach Bayern verschlagen worden und hat sich eine kleine eigene Unternehmung, eine Ein-Mann-Firma, aufgebaut. Er hat Hummel-Figuren, diese Porzellanfiguren, an die Amerikaner verkauft. Deshalb hat er, der fließend Französisch sprach, damals mit 54 noch Englisch gelernt. Manchmal durfte ich in den Ferien zu ihm. Er hat in nur einem Zimmer gelebt, ganz bescheiden, aber immer Grandseigneur. Dieses eine Zimmer war für mich wie ein Palast.

RdR: Kennst du das Buch „Stilvoll verarmen"? Der Autor Alexander Graf von Schönburg-Glauchau (verwandt mit den von Thurn und Taxis) spricht da von einem Onkel, der hatte auch nur ein Zimmer und jeden Tag sein Bett abgebaut, hatte dort ein schönes Büro drinnen und hat großartig empfangen. Genauso wie du das sagst.

MH: Mein Großvater hatte einen großen alten Eichenschrank, da war seine Küche drin. Der wurde jeden Tag zum Kochen geöffnet. Er war ein großes Vorbild für mich. Ein liebevoller, unglaublich disziplinierter Mensch, der in seinem Leben immer irgendwelche Projekte gemacht hat, mit denen er sich über Wasser gehalten hat.

MLP: Er hat das Leben so angenommen, wie es ihm begegnet ist.

MH: So ist es. Dagegen ist meine Großmutter mütterlicherseits, die viele Jahre bei uns wohnte, so sagte man, an gebrochenem Herzen gestorben. Sie hat den Verlust, die Vertreibung und das alles nicht verkraftet. Sie war ursprünglich Opernsängerin und dann Unternehmerin. Sie führte erfolgreich ihre Klinker-Ziegelei an meinem Geburtsort Grosen im Kreis Wohlau. Sie war mir ein Vorbild in ihrer liebevollen Milde und ihrem Interesse für Literatur, das sie schon früh auch in mir geweckt hat.

Dann hatte ich väterliche Freunde durch meine Internatsfreunde. Ich war im Internat in einem Zimmer mit dem Sohn des berühmten Dirigenten Wolfgang Sawallisch. Und dieser Vater Sawallisch war ein von mir bewundertes Vorbild. Ein unglaublich dynamischer Dirigent riesiger Orchester. Wenn ich bei denen eingeladen war und erlebt habe, wie er geprobt und sich die Stücke erarbeitet hat, das hat mich tief beeindruckt. Und wir haben zusammen auch handwerkliche Sachen gemacht.

Ein weiteres Vorbild fand ich in Prof. Herbert Begemann, Hämatologe und Klinikchef in München-Schwabing. Er war Vater eines Freundes von mir und bei „Ärzte gegen Atomkrieg" und in der Friedensbewegung engagiert, sehr beeindruckend. Bei denen war ich viel in der Familie, als ich in München studiert habe. Weil ich mich sehr allein und verloren fühlte, war das meine Patenfamilie.

Ein weiterer väterlicher Freund war der Vater von einem befreundeten Schüler, mit dem ich auf der Insel Elba war. Er war Direktor der

Münchener Rückversicherung. Er hatte auch besondere Fähigkeiten. So hat er für die Münchener Rück den japanischen Markt erschlossen. Viele Jahre ist er nach Japan gereist, um den dortigen Versicherungsmarkt für die Münchner Rückversicherung zu erschließen. Er führte einige Jahre mit vielen maßgeblichen Menschen Gespräche, aber ohne Erfolg. Dann wurde er bei einem nächsten Besuch in Japan von den Versicherungsdirektoren gefragt, warum er denn immer noch käme, denn sie hätten ihm doch keine Hoffnungen gemacht, dass er mit ihnen ins Geschäft kommen könnte. Dann erzählte er ihnen die Geschichte von den Shogunen und der Nachtigall, die ich hier aus dem Gedächtnis verkürzt wiedergebe:

Es gab einen mächtigen japanischen Shogun, der zur Einigung Japans im 16. Jahrhundert viele Kriege führte. Ihm wurde eine Nachtigall geschenkt. Er setzte sie in einen goldenen Käfig in seinem Garten und befahl ihr zu singen. Aber sie blieb stumm und sang nicht. Als sie seinen wiederholten Befehlen nicht folgen wollte, drohte er ihr: Wenn du nicht singst, bringe ich dich um! Bald darauf kam der Shogun in kriegerischen Auseinandersetzungen ums Leben. Sein Nachfolger als Shogun hatte auch die Nachtigall geerbt und wusste, dass sie nicht sang. Er sprach mit der Nachtigall und sagte zu ihr: Nachtigall, wenn du mir singst, werde ich dich reich belohnen. Aber die Nachtigall sang nicht. So oft er ihr auch Belohnungen anbot, sie blieb stumm. Dieser Shogun regierte schon länger. Als er gestorben war, folgte ihm ein dritter Shogun, der die Nachtigall erbte. Dieser hatte schon gehört, dass die Nachtigall nicht singen wollte und sich weder zwingen noch überreden ließ. Er besuchte die Nachtigall in ihrem goldenen Käfig, sah sie an und sagte zu ihr: Liebe Nachtigall, wenn du nicht singen willst, werde ich so lange warten, bis du singst! Eines Tages fing die Nachtigall an zu singen. Dieser Shogun lebte lange und brachte das Reich in Frieden.

Diese Geschichte hat seine japanischen Geschäftspartner so stark berührt, dass sie mit ihm die Rückversicherung für die japanischen Versicherungsgesellschaften abschlossen. Er hatte später viele japanische Geschäftsfreunde zu Besuch. Für diese ließ er neben seinem Bootshaus am Starnberger See von einem japanischen Baumeister

einen großen originalen Raum für die Teezeremonie bauen, die er dort mit ihnen zelebrierte.

Dieser Mann strahlte eine große Milde und Toleranz aus. Diese Geschichte war typisch für ihn und hat auch mich damals sehr stark bewegt. Mit dieser Haltung war er für mich ein großes Vorbild.

MLP: Weitere Vorbilder?
MH: Rudolf Steiner, natürlich. Aber Rudolf Steiner ist für mich mehr als ein Vorbild, er ist mein Lehrer, dem ich so viele freilassende Anregungen, Einsichten und Entwicklungsimpulse verdanke, von dem ich mich immer ermuntert fühle, selbst zu forschen.

Meine Impulse werden aufgegriffen

RdR: Dann gab es eine Pause, nachdem du 44 Menschen ausgebildet hattest. Später kamen immer mehr Menschen auf uns zu und fragten: Was du kannst, das will ich auch machen, wo kann ich das lernen? Wir haben gestammelt, man könne bei Trigon eine Ausbildung absolvieren. Wir haben uns zusammengesetzt, du warst dabei, und haben gesagt, wir können das nicht mehr so machen mit diesen 40 Wochenenden. Dann haben wir eine neue Ausbildung für Entwicklungsbegleiter begonnen, an der du auch noch einige Male beteiligt warst. Du hast die drei Ausbildungen durchgeführt, danach gab es noch zwei, die Birgit Abraham-Schönecker, Hubert Staneker und ich veranstaltet haben, und wo dann auch Magdalena zur Entwicklungsbegleiterin ausgebildet wurde.

Was sind aus deiner Sicht die Herausforderungen, wenn man auf Entwicklungsbegleitung schaut? Wie siehst du das? Es sind viele Qualitäten in die von uns begleiteten Einrichtungen eingegangen, aber was steht an?

Das Ziel ist der Kernprozess – die Schüler

MH: Dazu will ich noch eine Spur nennen. Im Unterschied auch zu Trigon und zu Harald Jäckel war mir immer der Kernprozess der Waldorfschule ein besonderes Anliegen. Von Anfang meiner Lehrertätigkeit in der Freien Waldorfschule Überlingen an war mir immer das individualisierte, kooperative, selbstbestimmte, selbstorganisierte, entdeckende Lernen der Schülerinnen und Schüler ein großes Anliegen. Ich hatte das in der Universität mit meinen Studenten erfolgreich praktiziert und wollte das jetzt auch in der Schule anwenden. Da gab es aber erhebliche Widerstände, die mit der Waldorfpädagogik begründet wurden. So habe ich mich forschend auch in dieses Feld begeben und es seit den 1980er-Jahren selbst im Unterricht praktiziert. Später habe ich das Feld mit den Kollegien von über 15 anderen Waldorfschulen in verschiedenen Klausuren gemeinsam weiterentwickelt.

Daraus ist dann das große Praxisforschungsprojekt über individualisiertes, kooperatives und selbstverantwortliches Lernen an Freien Waldorfschulen entstanden, das dankenswerterweise von der Software AG Stiftung großzügig unterstützt wurde. So habe ich schließlich von 2005 bis 2016 über 200 Praxisforschungsprojekte zum individualisierten, kooperativen und selbstverantwortlichen Lernen in drei Waldorfschulen initiiert und begleitet. Diesen Impuls wollte ich weiter in die Waldorfschulen hineintragen, damit die Schüler dort endlich ihre individuelle Spur im Lernen finden dürfen. Ein Ergebnis davon ist das jährlich in einer anderen Waldorfschule stattfindende schulübergreifende „Forum selbstverantwortliches Lernen", an dem jeweils 30 bis 40 Lehrer und Schüler aus sechs bis zehn Waldorfschulen teilnehmen.

Alle meine Entwicklungsbegleitungen habe ich immer so gesehen: Wie kann der Kernprozess der Schule verbessert werden? Die in den Schulen vorhandene Selbstverwaltung habe ich immer für ein Krankheitssymptom der Waldorfbewegung gehalten, weil ich erlebt habe, dass sie keine wirkliche Selbstverwaltung, vor allem keine Selbstorganisation ist. Diese Spur, dass es um das Lernen der Schüler geht, unterscheidet mich von den anderen, auch von den Mira-Beratern und IMO, die haben mit dem Kernprozess eigentlich nichts vor. Für mich waren in der Begleitung von Schulen immer vor allem die Schüler wichtig, nicht nur die Lehrer und deren Organisation. Deshalb habe ich immer, wo es ging, auch mit den Eltern und den Schülern gearbeitet. Das ist das Schöne an unserem Ansatz der Entwicklungsbegleitung, dass du immer mit dem ganzen sozialen Organismus arbeiten kannst, und nicht nur mit einzelnen Bereichen oder Abteilungen.

Erneuerung der Waldorfpädagogik

RdR: Höre ich da heraus, dass das etwas ist, was du dir erhoffst für die Zukunft?
MH: Was ich vor über 25 Jahren mit den Waldorfschulen angefangen habe, was da nicht richtig Fuß gefasst hat, das machen jetzt die „Schulen im Aufbruch" mit Margret Rasfeld und Gerald Hüther: 160 Schulen im Aufbruch in Nordrhein-Westfalen, 80 Schulen im

Aufbruch in Bayern. Alle versuchen, neue Lernformen zu finden für Kinder, die sie anders nicht mehr beschulen können, weil die sich als autonome, hochsensible Kinder das Bisherige nicht mehr gefallen lassen oder die Kinder anders geworden sind durch die Medien, durch die Erziehung.

Wir müssen andere Lernformen finden! Da ist eine für mich wichtige Spur, die ich hier auch noch kurz erwähnen will: der Dreischritt im Unterricht. In Überlingen hatten wir im Kollegium auch die beiden Strömungen: die Verkünder und die Erfahrungslerner. Die einen meinten, in der pädagogischen Konferenz, da müssen immer alle zusammen sein, dann werden die Vorträge gelesen oder gehalten, was alles richtig ist und was wir wissen sollen. Die anderen wollten selber forschen. In einem dieser Jahre, wo wir erforschen durften – ich glaube, es war 1982 – haben wir in einer Arbeitsgruppe über alle Fächer und alle Klassen hinweg den Dreischritt im Unterricht erforscht. Und haben gemerkt, den ersten Schritt können alle mehr oder weniger gut. Aber der zweite Schritt, dass nämlich der Schüler sich individuell mit seinem Gefühl verbindet mit dem, was er da gesehen und gehört hat, der findet zu wenig statt. Und am nächsten Morgen im dritten Schritt, wenn man darauf achtet, was kommt individuell von den Schülern, ist dann wenig Neues zu finden.

Das haben wir damals gründlich für alle Klassenstufen und viele Fächer erforscht. Seitdem gehe ich damit um. Und auf der großen Waldorf-Herbsttagung 1982 zur gemeinsamen Fortbildung – 1200 Waldorflehrer in Stuttgart, es gab damals insgesamt nur etwa 2000 Lehrer an etwa 70 Waldorfschulen – da konnten wir eine Arbeitsgruppe zum Dreischritt durchführen, und seitdem bin ich an dem Thema dran. Ich wende überall den Dreischritt an, bei meinen Modulen, in der LiP-Lehrerbildung in der Praxis, mit den Seminarbegleitern, in den berufsbegleitenden Waldorflehrer-Seminaren – und der ist auch dort richtig erfolgreich. Man schaut, was entsteht in dem Schüler, in dem Erwachsenen neu an dem Stoff, an den Inhalten? Dabei spielen besonders die Nacht oder mehrere Nächte eine Rolle.

Der erste Schritt gehört dem Lehrer. Der zweite Schritt gehört den Schülern. Aber auch der dritte Schritt gehört den Schülern. Wenn du das ernst nimmst, auch in der Erwachsenenbildung, dann blüht es auf einmal auf. Ich bin immer wieder froh darüber, und wir machen das ja in den LiP-Modulen seit 2004 immer von Donnerstagnachmittag bis Sonntagmittag, und alle gehen erfrischt nach Hause, obwohl wir von früh halb neun Uhr bis abends um zehn Uhr arbeiten.

Aus meiner Sicht gibt erst der richtig verstandene Dreischritt in der Waldorfschule die Grundlage für das individualisierte, kooperative, selbstverantwortliche Lernen, weil dort die Rollen der Lehrer und der Schüler ganz eindeutig angelegt sind. Sonst gibt es zu viele Missverständnisse über die Rolle des Lehrers und die Rolle der Schüler.

MLP: Was ist aus deiner Sicht die Aufgabe der Entwicklungsberater an dieser Stelle? Was ist die Aufgabe für die Zukunft?

MH: Für mich geht es immer um den Kernprozess und diesen in einen Erneuerungsprozess zu bringen. Wo wird die Individualität durch das System Schule, auch Waldorfschule, eingeschränkt oder darf sich nicht entwickeln? Da die Räume zu schaffen, dass sich Individualität wirklich entwickeln kann und auch aus der Schule herausentwickeln darf, wenn sie nicht reinpasst, das ist mir ganz wichtig. In diesem Zusammenhang wird das gemeinsame Lernen, die gegenseitige Abstimmung der Schülerinnen und Schüler immer wichtiger, da sie so am meisten nachhaltig lernen können, nachdem durch die neuen Erziehungsstile die Erwachsenen als Führungsfiguren immer weniger akzeptiert werden. Das gilt sowohl für die Schülerinnen und Schüler wie auch für die Lehrerinnen und Lehrer.

RdR: Das ist bei Fortbildungen leichter, als wenn es der Beruf ist. Da seid ihr im Kernprozess, da geht es ja nur um die Schüler. Dennoch schwappt der Prozess zu den Lehrern wieder zurück, über deren Bequemlichkeit, deren Unpässlichkeit oder Unlust sich zu verändern. Während wir in den Fortbildungen genau dieses Erlebnis haben, das du schilderst: Was ist deine Frage, was bringst du mit, welches Projekt möchtest du heute hier bearbeiten?

MH: Ich will heute nur noch mit Freiwilligen arbeiten an dem Ansatz der Selbstorganisation auf allen Ebenen. Und frage, ist die Gruppe in eurer Schule, die verändern will, groß genug, dass es sich für euch lohnt, mit mir zu arbeiten? Das war jetzt in einer Schule in NRW so.

Wenn ihr wollt, dann mache ich das, sonst nicht. Dann waren zu einer Auftaktarbeit 22 Leute da, die die Pädagogik ihrer Schule erneuern wollten, die sind gut eingestiegen. Am Ende haben wir gesagt, jetzt berichtet ihr nicht in der Konferenz, sondern jeder sucht sich einen anderen, der nicht dabei war, den er mit hereinnimmt in den nun begonnenen Prozess. Das war sehr erfolgreich. Mit persönlicher Überzeugungsarbeit haben sie die einzelnen Kolleginnen und Kollegen mitgenommen. Auf einmal waren alle mit drin, ohne Berichte in der Konferenz.

RdR: Es haben sich ja, auch durch unsere Begleitungsarbeit, die großen „internen Konferenzen" zu meist gut funktionierenden Schulleitungen und Delegationen verwandelt. Wie sind da deine Erfahrungen? In der Geschichte der Waldorfbewegung und hauptsächlich in der Sozialtherapie haben wir diese riesigen, informell geführten internen Konferenzen zu halbwegs funktionierenden Schulleitungen oder Delegationsleitungen geführt. Mit vielen Widerständen zwar, aber das ist gelungen. Jetzt ist einer unserer neuen jüngeren Entwicklungsbegleiter in einer Waldorfschule gewesen, die haben diesen Schritt noch nicht gemacht. Er hat sich gewundert, dass es solche Schulen noch gibt, aber er hat andere Qualitäten entdeckt.

Du hast immer wieder Laloux[6] und seinen Ansatz zur Selbstorganisation genannt. Wenn das gut angekommen ist, dann müsste man in den nächsten 20 Jahren den Mut haben, Dinge nach außen zu tragen, dass es eben nicht zu einer isolierten, alleinigen Leitung führt, sondern nach Fähigkeiten verteilt wird wie bei Laloux, und zwar bei den Willigen, wer möchte hier etwas verantworten? Glaubst du, dass das ein Weg sein könnte?

Selbstorganisation: Den Teamgedanken verankern

MH: Ich habe gute Erfahrungen gemacht mit meinen Projekten zum selbstverantwortlichen Lernen, weil wir da schon Pädagogen-Teams gebildet haben. Die Teamzeit, das war für sie die wichtigste Zeit in der Woche. Wo besprochen wurde: Was brauchen die Schüler, was haben wir gemacht und was wollen wir in der nächsten Woche machen? Die Teams haben sich so gut zusammengefunden, dass sie z. B. die Vertretungen selber regeln und den Stundenplan flexibel gestalten konnten. Die Menschen müssen es aber auch gestalten wollen und dann den Freiraum dafür bekommen.

Deswegen denke ich, dass die Lehrerinnen und Lehrer im Team arbeiten, sich im Team zusammenschließen sollten, um gemeinsam zu sehen, wie versorgen wir gemeinsam die Schüler, was brauchen die Schüler von uns in der nächsten Woche? Das ist der neue Ansatz, damit können wir in die Zukunft starten. Und wie schaffen wir die Bedingungen, damit das möglich wird? Da erlebe ich leider, dass viele Lehrer resigniert sind. Ich habe diese Erfahrung gemacht, wenn ich das begleite. In einer Schule in Hessen z. B. haben wir an einem Nachmittag für alle acht Klassen die Klassenteams gebildet. Am Vormittag haben sie es noch für unmöglich gehalten. Ich habe es einfach moderiert. Ich habe alle Klassenlehrer aufgestellt, habe vorher gesagt, überlegt euch, mit wem könnt ihr, mit wem lieber nicht. Seid ehrlich miteinander. Bildet Teams, die gut zusammenarbeiten. Es hat funktioniert, es ist keiner übriggeblieben. Jeder hat einen gefunden, der mit ihm arbeiten wollte. Wenn die Pädagogen gut zusammenarbeiten, kann man die Schüler gut versorgen. In der Oberstufe hat man andere Bedingungen, weil immer der gerade in der Klasse tätige Epochenlehrer mit im Team ist. Aber auch in der Oberstufe haben sich dort die Klassenteams gebildet. Sie waren beglückt, weil sie das vorher nicht für möglich gehalten haben. Es geht, wenn man das differenziert und offen anlegt und Bedingungen schafft, in denen das wahrhaftig wird. Dazu gehört auch, dass die Teamzeiten in der Konferenz liegen.

Ich habe die Selbstorganisation der Waldorfschule mit den Schülerinnen und Schülern im Mittelpunkt, die von den selbstorganisierten Lehrerteams versorgt werden, in das folgende Bild gebracht. Dabei ist mir wichtig, dass die Pädagogen durch professionelle „Dienstleister" von den Verwaltungsaufgaben entlastet werden, damit sie sich wirklich zentral um die Schüler kümmern können. Mit diesem Ansatz könnten wir unsere Pädagogen entlasten und die Schüler besser versorgen.

RdR: Wenn wir auf die Zukunft schauen...

MH: Rudolf Steiner sagte, die Waldorfpädagogik ist die Pädagogik für die nächsten 500 Jahre. Das glaube ich auch. Wir haben so viele Entwicklungsmöglichkeiten, wir sind wirklich erst am Anfang davon. Das ist für mich die Entwicklungsperspektive, was können wir da alles noch herausentwickeln. Steiner musste in sein kurzes Leben alles reinpacken, was er aus der geistigen Welt herunterholen und in Worte bringen konnte, auch in die Menschenkunde. Vorher war keine Frage da. Dann war er auch noch darauf angewiesen, was die Leute ihn gefragt haben.

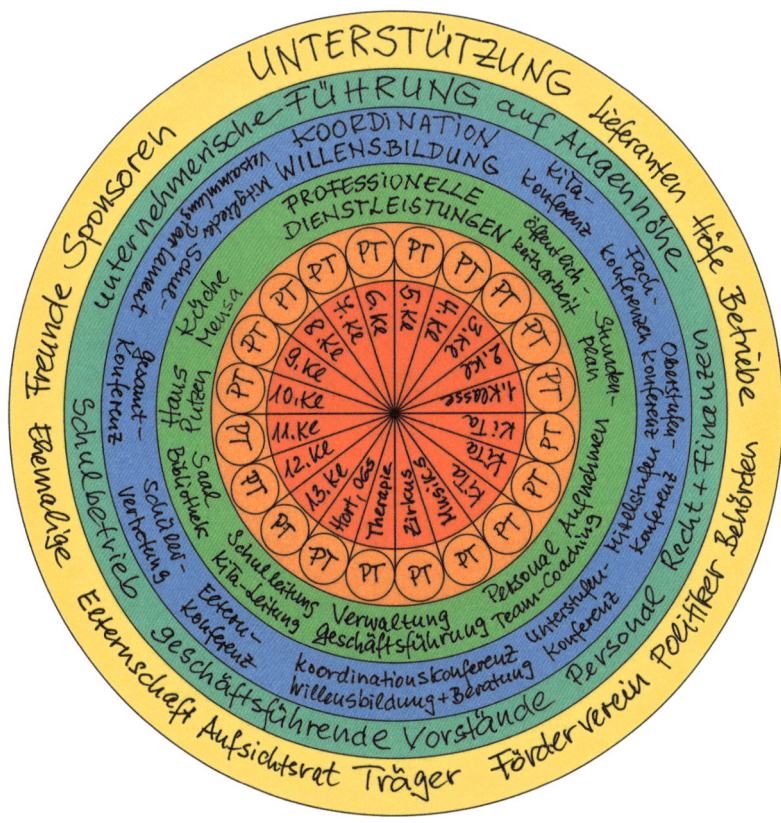

PT=Pädagogen-Team

Das ist für mich ein Fundus. Seit 40 Jahren beschäftige ich mich damit und merke: Du kannst an einzelnen Stellen immer tiefer und tiefer gehen, um ein Gefühl dafür zu bekommen, was damit wirklich gemeint ist. Wenn ich mit meinen Leuten in der Lehrerbildung oder Seminarbegleiter-Ausbildung an der Menschenkunde arbeite, dann sage ich immer, sucht euch eine Stelle, die euch interessiert, und diese vertieft im Sinne der meditativ erarbeiteten Menschenkunde.[7] Nur als ein Beispiel: 4. Vortrag „Allgemeine Menschenkunde": „unbewusstes Üben kultiviert das Gefühl, bewusstes Üben kultiviert den Willen"[8] … Was heißt das? Dann erlebe ich, wie unbewusst geübt wird an schlechten Gewohnheiten, die schlechte Gefühle produzieren. Wie viel wird bewusst geübt, und ist es dann so, dass es dem Kind wirklich hilft oder nicht? Da kannst du Jahre dran forschen. So merke ich immer wieder, es ist ein riesiger Fundus von Hinweisen, von Anregungen da, die alle Felder für eine gründliche Forschung wären. Es geht überhaupt nicht darum zu wissen, was in den vielen Vorträgen alles drinsteht, sondern an den Stellen, wo wir innerlich andocken können, was uns als Individualität anspricht, was uns die Menschen in der Praxis besser verstehen hilft, dass wir da reingehen, das meditativ vertiefen und weiterentwickeln und daraus Waldorfpädagogik immer weiter voranbringen.

RdR: … und individualisieren.

MH: Ja, individualisieren, und die Kinder auch individuell sein lassen. Wenn heute jemand begabt ist für dieses oder jenes, darf der alles Übrige weglassen? Ich habe in meiner Schule dafür gekämpft, dass ein Super-Cellist mehr Cello spielen durfte und nicht alles mitmachen musste. Wo er sich vielleicht beim Schmieden auf die Finger geklopft hätte und dann nicht mehr hätte Cello spielen können. Da haben wir noch so viel Entwicklungspotenzial.

RdR: Ich bin heute noch stolz. Ich hatte in Schwenningen eine Schülerin, die kommt aus einer Musikerfamilie, war hochbegabt, was Geige angeht, und ging schon früh zu Konzerten, die waren oft samstags oder sonntags. Und die Mutter hat sie montags oft nicht zur Schule geschickt. Ich habe das eigentlich an meinem Kollegium vorbei genehmigt, denn mein Kollegium wäre auf mich losgegangen: Das kann man doch nicht machen! Was für einen Präzedenzfall schaffen wir damit! Ich habe gesagt, ich habe das Recht, für einen Tag eine Entschuldigung anzunehmen; schreiben Sie eine Entschuldigung, fertig. Das Mädchen war auch in der Schule hochbegabt, das war kein Thema. Aber es ist dieses: Es musste alles gleich sein, wir müssen bürgerlich sein.

MH: Für mich ist die Zukunft der Entwicklungsbegleitung, dass wir dafür sorgen, dass sich die Schüler, alle Menschen individuell entwickeln dürfen. Und die Lehrer natürlich auch. Dass wir dafür die richtigen Bedingungen, Haltungen, Räume und Ansätze schaffen, die wir zum Beispiel auch in der weltweiten Bewegung zur Selbstorganisation finden.

Selbstorganisation, Selbstentwicklung, Selbstverantwortung

RdR: Aber wenn wir die Waldorfschule verlassen mit dem Impuls Entwicklungsbegleitung, und zum Beispiel in den sozialtherapeutischen Einrichtungen auch durch uns der Blick verstärkt auf die Bedürfnisse des betreuten Menschen gerichtet wird, also wenn man diese Nische Waldorf verlässt, wo wird dann aus deiner Sicht dieser Impuls hinführen?

MH: Frederic Laloux hat das ja weltweit untersucht, was da überall an Selbstorganisation sprießt. Da geht es immer um die Entwicklung der Individualität. Es geht immer darum, wie findest du Sinn in deinem Beruf, ist das wirklich innerlich mit dir verbunden? Kannst du dich als ganzer Mensch in deine Arbeit einbringen? Im Sinne der Salutogenese: Verstehe ich das, kann ich es handhaben? Sehe ich Sinn darin? Werde ich selbstwirksam? – Und macht es mir Freude?

Das gefällt mir auch an den Schulen im Aufbruch in Nordrhein-Westfalen, wenn ich mir diese Videos anschaue. Wo die Lehrer auf einmal in der Schule ihre Hobbys pflegen dürfen; der eine imkert, der andere macht einen Garten. Die dürfen das jetzt alles in der Staatsschule entwickeln und die Schüler da mit reinnehmen. Das ist doch wunderbar. Und sind wir als Waldorfschulen auch so flexibel und offen? Waldorf ist leider vielfach schon zu einem System geworden, das erfüllt werden muss. Dabei geht es eigentlich überall um die Entwicklung der Individualität und dass nicht alle alles machen müssen.

Aus meiner Sicht ist das so: Wenn die Lehrer das individuelle und kooperative selbstverantwortliche Lernen nicht bei sich selbst erlebt haben bzw. erleben, wie sollen sie es bei den Schülern entwickeln können? Und wenn die Lehrer in ihrer Ausbildung nicht wirklich selbstverantwortlich gelernt haben, wie sollen sie es mit den Schülern machen? Wenn die Lehrer nicht gelernt haben, im Team zu arbeiten, wie sollen es die Schüler als Vorbild erleben? Das, was ein Lehrer in seiner Sozialisation, in seiner Ausbildung erfahren hat, das prägt seine mentalen Modelle vom Lernen und Schule und wird zur Routine. Und im Stress können wir nicht mehr kreativ sein, sondern greifen auf unsere Routinen zurück. Und ich bin immer wieder betroffen, wie viele Waldorfpädagogen ständig im Stress sind.

Das ist das Schöne an der Lehrerbildung in der Praxis, in der LiP. Die Ausbildungsbegleiter wollen eigentlich nicht mehr alleine in der Klasse sein. Sie sagen, es ist so wunderbar, dass ich da jemanden habe, mit dem ich mich austauschen kann, wo man auch mal weg sein kann, und der mich vertritt, man wird so flexibel. Die wollen immer wieder einen Lehrer-Trainee haben, das gar nicht mehr missen, im Team zu arbeiten.

Aber in anderen Waldorflehrerseminaren werden immer noch Einzelkämpfer erzogen. Deshalb sage ich immer den selbstverantwortlichen, selbstorganisierten berufsbegleitenden Waldorflehrerseminaren, die ich begleite: Bildet Tandems, bildet Lern-Tandems, wo ihr zusammen lernen lernt und zusammen arbeiten lernt. Aus der Evaluation des ersten selbstorganisierten berufsbegleitenden Waldorflehrerseminars in Ravensburg 2015 durch die Alanus Hochschule, in der alle Abgänger der letzten 26 Jahre und die Referenten befragt wurden, ging als ein wesentliches Ergebnis hervor, dass sie gerade durch die Selbstorganisation gelernt hätten, mit der großen Diversität konstruktiv umzugehen.

Für die Waldorfschulen ist mir dabei wichtig, dass sie sich aus der Ideologie der sogenannten Selbstverwaltung lösen können, dass alle Lehrer die Verwaltung der Schule zusätzlich machen sollen. In den Einrichtungen, die die Selbstorganisation praktizieren, ist es selbstverständlich, dass die Kompetenz der Mitarbeiter im Kerngeschäft dort optimal eingesetzt werden soll und die internen Dienstleistungen professionell erledigt werden. Auch in der Waldorfschule könnten die Pädagogen von vielen zusätzlichen Aufgaben der Selbstverwaltung durch professionelle Mitarbeiter entlastet werden, so dass sie ihre Kraft mehr der Pädagogik, d. h. den Schülern widmen können. Überall, wo das ansatzweise verwirklicht wird, kann man die Entlastung der Pädagogen deutlich bemerken. Das schließt natürlich nicht aus, dass auch ein Pädagoge mit einem Teildeputat eine Dienstleistung erbringen kann, wenn er dafür qualifiziert, also Profi ist.

RdR: Merkst du, Magdalena, dass ihr anders als wir eher im Team arbeiten werdet als Entwicklungsbegleiter?

MLP: Ich erlebe den Impuls schon stark, im Team zu arbeiten. Es ist ohne Frage ein Gewinn sowohl für die Begleitenden, vor allem aber für die Kunden. Der Wahrnehmungsradius erweitert sich, die Fähigkeiten der Teampartner ergänzen sich, die Stärken und Schwächen können optimal eingesetzt werden. Durch regelmäßiges Feedback werden beide Teampartner besser. Die Schattenseite ist, dass das Team zusätzlich Zeit einplanen muss für Feedback und Absprachen. Das wird oft unterschätzt. Das andere: Ist das finanzierbar? Adrian und ich begleiten ja gerade eine Schule gemeinsam. Hier habe ich den Eindruck, dass die Organisation finanziell kaum stärker belastet wird, weil wir nicht viele doppelte Kosten entstehen lassen. Die haben mit uns den großen Vorteil, dass wir beide räumlich nah sind, und da wir zu zweit sind, ist einer von uns meistens schnell verfügbar. An Tagen, wo wir zusammen auftreten, sind wir natürlich verhältnismäßig teuer, aber das kommt nicht oft vor.

MH: Aber das lohnt sich. Das ist eigentlich keine Finanzfrage für die Schulen. Ein Aspekt für mich ist immer, dass ich den Schulen sage, schaut einmal euer Budget für Putzmittel an. Die Schule gibt sicher bis zu 30 000 Euro im Jahr für Putzmittel aus. Und wollt ihr einer Entwicklungsbegleitung, die einen wichtigen Prozess begleitet, weniger zur Verfügung stellen, als ihr für eure Putzmittel ausgebt? Aber es kommt immer auf den Geschäftsführer an. Die Lehrer fallen in Ohnmacht, wenn sie 120 Euro hören. Das ist aber für Freiberufler nicht viel, die alles davon bestreiten müssen. Die Lehrer müssen das auch nicht unbedingt wissen. Das muss der Geschäftsführer auf seine Kappe nehmen.

Die Schulen zahlen zum Teil 350 Euro pro Stunde für Steuerberater und bis zu 500 Euro pro Stunde für Rechtsanwälte. Da wird gar nicht gefragt, das ist ganz klar. Das kriegen die. Und die rechnen jede Minute ab! Und bei uns wird mit den Kosten so rumgemacht. Weißt du, MIRA tritt selbstverständlich seit jeher immer zu zweit auf.
MLP: Es kommt natürlich auf den Auftrag an. In Schulen finde ich das total stimmig. Ich habe wirklich den Eindruck, dass die Qualität besser wird. Wenn der eine ein Kollegium hält, kann der andere noch einmal anders beobachten. Es ist aber nicht unbedingt sinnvoll, eine kleine Gruppe zu zweit zu begleiten.

MH: Sobald ihr nur zehn Leute habt, müsst ihr nicht mehr zu zweit sein. Grundsätzlich aber muss das Team stimmen. Das stellt sich erst in der Arbeit heraus.

MLP: Dann muss man nicht nur eine gute Feedback-Kultur in der anderen Organisation anlegen, sondern sie auch selber leben. Was ich merke, ist – daran krankt es im Moment ein bisschen – dass man wirklich ausreichend Zeit dafür einkalkulieren muss. Man muss sich nicht nur selber vorbereiten, sondern sich mit dem anderen auch noch mal hinsetzen und sich gegenseitig gut informieren über die Prozesse, die man führt.

RdR: Das hat mit unserem Gespräch zu tun, wenn wir sagen, wenn wir das Selbstverantwortliche, aber auch das Teammäßige bei uns verankern wollen, dann müssten wir einmal mit dir in einem Forum daran arbeiten. Wie macht man die Teamsitzungen, was ist wichtig auf den Teamsitzungen? Wir haben zwar durch Birgit Abraham-Schönecker viel Teamentwicklung gemacht, auch zwischen uns. Aber es richtete sich doch immer stärker auf den Klienten als auf uns. Auch bei dir war das nicht das große Thema damals, dass wir zusammenarbeiten sollten. Wir gingen alle letztendlich heraus und haben gearbeitet. Das wäre in etwa ein Impuls, den wir aus diesem Gespräch hier mitnehmen könnten. Den Impuls, was bedeutet das für die nächste Generation von Entwicklungsbegleitern? Wenn du sagst, „Wenn die Lehrer das nicht können, wie sollten es die Schüler lernen?", dann sage ich: „Wenn die Entwicklungsbegleiter das nicht können, wie können sie das den Lehrern vermitteln?" Da kam der Gedanke, das könnte man einmal zu einer internen Schulung machen.

MLP: Das ist ja das, wofür du und Birgit ein gutes Feedback bekommt, wenn ihr eine Fortbildung zu zweit macht. Dass man euch in eurer Individualität erlebt, in eurer Unterschiedlichkeit, und es ist überhaupt nicht schlimm, wenn Birgit sagt, mein Ansatz ist so und du sagst, mein Ansatz ist etwas anders. Es gibt ja auch nicht den Ansatz. Das zu erleben und wie ihr euch auseinandersetzt, das gehört ja dazu. Das habe ich mit meinem Kollegen Adrian Domzalski auch irgendwann gehabt. Wir haben im Tun gesehen, dass sich der Prozess anders entwickelt als gedacht. Und dann war klar, wir müssen erst einmal die Pause nutzen, um zu bedenken, was wir in der nächsten Einheit machen. Weil wir es ändern müssen aufgrund der Ergebnisse, die wir jetzt erzielt haben. Das ist doch aber authentisch.

MH: Wichtig ist, dass man gut miteinander spielen kann. Ich habe mit Harald Jäckel seinerzeit in Loheland Zukunftskonferenzen mit 120 Leuten moderiert, und wir können im Vertrauen aufeinander einfach blind zusammenspielen. Es ist gut, dass da überhaupt keine Konkurrenz reinkommt.

Ich habe aber leider immer wieder erlebt, dass von mir ausgebildete Entwicklungsbegleiterinnen und Entwicklungsbegleiter, die ich in meine Projekte mit hereingenommen habe, um ihnen Gelegenheit zu geben, daran Erfahrungen zu machen und zu lernen, eifersüchtig wurden und sich zurückgesetzt vorkamen, weil die Klienten sich mehr auf mich konzentriert haben als auf sie. Das war dann immer beschwerend, weil unser Zusammenspiel dadurch belastet war. Im Team muss man ohne Eitelkeit, ohne Geltungsbedürfnis gucken, wie kriegen wir das zusammen möglichst gut hin.

MLP: Man muss die eigenen Fähigkeiten kennen und die des anderen. Und dann ist es gut, dass die Fähigkeiten nicht kongruent sind, sondern sich ergänzen.

RdR: Du hast über die Zukunft der Waldorfpädagogik gesprochen, dass die Waldorfpädagogik individualisiert im Herzen des Lehrers leben und wirken muss. Da müssen neue Formen entwickelt werden, so wie sie den Bedürfnissen der Schüler entsprechen. Und man muss das, was als Bedürfnis erscheint durch die nächste inkarnierende Generation, erfüllen. Und nicht die Schüler in das pressen, was wir bisher als Formen haben.

MH: Das gilt auch für die Sozialtherapie genauso wie für die Heilpädagogik; es gilt für alle. Auch in den Betrieben. Du hast in den selbstorganisierten Betrieben auch den Ansatz, dass jeder als ganzer Mensch sich voll einbringen kann. Aber immer in Orientierung auf den Kunden, der da außerhalb sitzt. Bei uns sitzt der Kunde innerhalb. Aber es geht immer um das Wohl des Kunden „Mensch", und dass auch der Mensch, der ihn versorgt, mit seinem ganzen Menschsein da drin sein kann. Das finde ich den zeitgemäßen Ansatz.

RdR: Ja, ich arbeite mit einer Druckerei und erlebe, dass die das genauso leben können und wollen, aber nicht alle. Da die sich aber nicht als Wohlfühlfamilie erleben, sondern als Mitarbeiter im Betrieb, mit einem wirtschaftlichen Ziel vor Augen, und nicht, geht's dir gut, geht's denen gut, ist das dort leichter, mit solchen Dingen zu arbeiten. Bei uns ist immer zuerst die Bequemlichkeitsebene wegzuräumen.
MLP: Genau, das finde ich ein wichtiges Stichwort. Ich bin immer noch an diesem Punkt, an dem wir vorhin waren, nämlich die Bedingungen schaffen. Das erlebe ich auch bei jungen Kolleginnen und Kollegen häufig, dass sie zwar die Situationen, in denen sie sind, nicht so gut finden, es aber wenig Impuls gibt, das zu verändern. Der Krafteinsatz zur Veränderung konkurriert mit dem Bewusstsein, mehr Freizeit haben zu wollen als frühere Generationen.
MH: Ich finde das sehr berechtigt. Die wollen nicht in einen Burnout kommen wie die Babyboomer, aber auch die Generation X, die auch schon überall im Burnout landen. Deswegen unterstütze ich das auch. Du musst diese Arbeits-Lebens-Balance besser hinkriegen. Ich finde es auch gut, wenn die ihre Kinder ins Bett bringen wollen, weil die Kinder das auch brauchen. Man muss die Arbeitsformen so finden, dass die dazu passen. Ich erlebe, dass gerade die Generation Y – die Generation Z ist ja gerade erst mal 20, 22 Jahre alt – nicht kämpfen will. Das finde ich sehr vernünftig. Die kämpfen nicht gegen diese Strukturen, die gehen lieber, wenn es nicht zu ihnen passt. Dann sage ich ihnen immer: Macht doch etwas Neues. Dann kommen die Alten und lassen es nicht zu. Ich glaube, dass wir da helfen können, überholte Formen aufzubrechen.

Aus meiner Sicht gehören die Entlastung durch die professionalisierten Dienstleistungen (die sog. Ämter oder Delegationen) und die Arbeit in Teams der dadurch entlasteten Pädagogen unbedingt zusammen, um eine neue Konzentration auf die Bedürfnisse unserer neuen Kinder möglich zu machen.

In einer Waldorfschule in Südtirol hat sich aus einer Krisensituation heraus ergeben, dass sie die Konferenzen wirklich so machen. 75 Minuten Teamsitzung, Team 1, dann 45 bis 60 Minuten gemeinsame

Konferenz, dann 75 Minuten Team 2. Und immer zwei Teams arbeiten zusammen. Einmal ist das eine Team mit seinen Kindern im Mittelpunkt, dann das andere. So dass sie immer zu fünft, sechst sind und nicht bloß in ihrem Zweier- oder Dreierteam. Das klappt wunderbar, die wollen gar nicht mehr anders arbeiten. In den gemeinsamen 45 bis 60 Minuten kriegen die dann alles hin, was gemeinsam zu regeln ist.

… und die Anthroposophie

RdR: Wie siehst du die Weltlage? Welche Rolle hat darin die Anthroposophie, wie siehst du diesen Teil?
MH: Das ist der Teil, zu dem ich mich am wenigsten äußern wollte. Ich kann so sagen: Ich habe mein eigenes Verhältnis zur Anthroposophie. Und das ist mein Verhältnis zu Rudolf Steiner. Wir haben in Überlingen – da sind wir 1977 hingezogen und in die Anthroposophische Gesellschaft eingetreten, Antonia und ich – ab da eine Zweiggruppe in unserem Haus gehabt. In Überlingen war es so organisiert, dass es durch die Situation der heilpädagogischen Heime bedingt wöchentliche Gruppen vor Ort gab, die sich einmal im Monat in der Waldorfschule Überlingen gemeinsam getroffen haben. Eine Gruppe hat eine Fragestellung vorbereitet, in die sie alle anderen einbezogen hat. Wir haben bei uns kontinuierlich in unserer Zweiggruppe gearbeitet, aber es gab auch die Tendenz, dass immer alle sich mittwochs in diesem einen großen Raum treffen mussten, weil eigentlich nur das der Zweig sein konnte. Da haben wir höchstens alle vier Wochen mitgemacht. Wir haben zwölf Jahre lang an der Theosophie gearbeitet und sieben Jahre an der Philosophie der Freiheit. Einfach mit einer speziellen Methode von Christof Lindenau: „Der übende Mensch"[9]. Das sind sieben Schritte, die wir für uns modifiziert hatten. Aber es war immer die Fragestellung, wie und wo finde ich das, was da beschrieben wird, in mir und in der Welt und wie wende ich das an im Leben, was wir da in der Theosophie lesen.

Ein junger Mann, ehemaliger Waldorfschüler, kam in unsere Gruppe und fragte, soll ich in diese Gesellschaft eintreten oder nicht? Das

war seine große Frage. Dann haben wir ein Jahr zwischendrin an der Konstitution der neuen Anthroposophischen Gesellschaft für die Weihnachtstagung 1923 gearbeitet. Da beschreibt Steiner, es ist die freieste Gesellschaft der Welt, es gibt keine andere Bedingung für die Mitgliedschaft in dieser Gesellschaft, als dass man das, was er in Dornach erforscht, für berechtigt hält. Aus meiner Sicht ist es diese Gesellschaft, mit der er sein Schicksal so verbunden hat, dass er deren Leiter wurde, um diesen Impuls endlich doch noch in die Welt zu bringen.

Aus meiner Sicht haben die Menschen Recht, die sagen, 1925 wurde diese ganze freieste Gesellschaft per Zwangsbeschluss in den Bauverein integriert und sie war ab dann ein Verein. Für mich gibt es diese geistige Anthroposophische Gesellschaft nach wie vor, unabhängig von dem Verein, der u. a. zur Erhaltung des Goetheanum und seiner Aufgaben unbedingt nötig ist. Ich glaube, dass die Anthroposophie mit dem Zugang zu einem neuen Christus-Verständnis wirklich ein Zukunftsimpuls ist, der noch im Keimen ist und in den 1920er-Jahren eigentlich menschheitlich verschüttet worden ist nach Steiners Tod, so dass dann der Nationalsozialismus, Stalinismus, Faschismus sich in dieser Weise ausbreiten konnten. Steiner hatte gehofft, dass Millionen bis zum Ende des Jahrhunderts in der Anthroposophischen Gesellschaft sind. Es sind keine Millionen. Aber mir begegnen so viele Menschen, die eigentlich im Grunde ihres Herzen Anthroposophen sind. Sie brauchen keinen Mitgliedsausweis dazu. Wenn sie wirklich diesen spirituellen Weg gehen, sind sie für mich auf diesem Weg, und da können wir uns immer verständigen.

Ich verstehe auch die jungen Lehrer, wenn sie die vielen grauen Häupter in den Zweigen sehen, die sich darüber streiten, ob ein Wort so oder so zu verstehen ist, dass sie sagen, darum geht es doch gar nicht. Es geht doch um etwas ganz anderes. Das ist die Frage nach der Anthroposophie als „Weg, das Geistige im Menschen mit dem Geistigen in der Welt zu verbinden". Ich glaube, was Steiner da angelegt hat und aus der geistigen Welt heruntergeholt hat, mit allen Mühen, das in Worte zu fassen, dass das wirklich der Zukunftsimpuls ist, um den Menschen, und zwar alle Menschen unabhängig von ihrer Religionszugehörigkeit oder ihrer Nationalität oder ihrer Kultur, eine Weiterentwicklung in ihrer Individualität zu ermöglichen. Darum ist mir so wichtig, überall wo ich mit Menschen arbeite, dass wir mit „Wie erlangt man Erkenntnisse der höheren Welten?" als Grundlagenbuch arbeiten. Das habe ich auch in der Begleitung der Kindergartenvereinigung oder den verschiedensten Vorständen so gehandhabt. An den Übungen arbeiten wir erst einmal individuell, dann gemeinsam, bevor wir über die anderen Sachen reden.

Alle Übungen dienen dazu, unsere Wahrnehmungsfähigkeiten zu erweitern, die nicht sichtbaren Qualitäten und Energien wahrnehmen zu lernen. Nur so können wir unsere Menschenerkenntnis und Welterkenntnis im Sinne der Anthroposophie erweitern. Gerade unsere neuen Kinder, die Kinder der neuen Generation, können wir nur mit einem erweiterten Verständnis wirklich verstehen lernen. Ich glaube wirklich, dass es darum geht, wie wir es schaffen, dass alle Kinder ihre Individualität entwickeln dürfen und nicht standardisiert werden und über allgemeine Kriterien aussortiert oder einsortiert werden in bestimmte Fördergruppen. Ich habe nichts gegen Förderung. Für spezielle, insbesondere heilpädagogische Bedürfnisse von Kindern ist das auch unbedingt nötig.

Aber dass man Menschen nach ihren Defiziten anschaut anstatt nach ihrem Potenzial, das widerspricht mir total. Deshalb sind die kleinen Initiativen so wichtig wie unsere Hofschule Gaisberg, der Lernort Nieperfitz, die Hofschule Pente, die Roaner Lernfreunde und andere. Das sind für mich Orte, wo wir Räume schaffen, wo sich die Individualität entwickeln darf, sowohl der Lehrer als auch der Kinder. Je authentischer die Lehrer da drin sind, desto authentischer können die Kinder werden. Und die Übungen zur Selbstschulung, die wir durch Rudolf Steiner bekommen haben, sind für mich die Grundlage für das Lehrersein in der Waldorfschule.

MLP: Wir haben uns die Frage gestellt, welche Rolle die Anthroposophie in Zukunft spielen wird. Ich habe jetzt häufiger gehört, dass an den Lehrerseminaren gar nicht mehr Steiner gelesen werden kann, weil auch die Studierenden alle abwinken.

MH: Man muss aus meiner Sicht diese vielen Vorträge auch nicht lesen. Man kann es persönlich natürlich immer mit Gewinn machen. Die Frage ist bloß, inwieweit fließt das Gelesene wirklich in mein Leben ein, inwieweit verbinde ich es wirklich innerlich mit mir und mit meiner Praxis. Das ist ja alles rührend gemeint und die Sachen müssen ja auch zur Verfügung stehen. Die Pädagogische Forschungsstelle gibt jetzt dieses dicke Buch neu heraus: „Allgemeine Menschenkunde inclusive Methodisch-Didaktisches und Seminarbesprechungen"[10]. Dann wird darüber geredet, wie die Vorträge aufgebaut sind und was sich darin spiegelt. Alles schön, aber ist das nicht vor allem Schriftgelehrtentum? Darum geht es für mich nicht. Es geht mir darum, was meint Steiner denn eigentlich damit? Wie kann ich das nicht nur auf der Ebene der Worte, sondern auf der seelisch-geistigen Ebene verstehen? Was für eine Fähigkeit kann ich daran, was Steiner an Hinweisen gibt, in mir entwickeln, um meine seelisch-geistigen Erkenntnisorgane so auszubilden, dass ich immer mehr begreife, was die Kinder, die Menschen brauchen, als nur mit meinen normalen zwölf Sinnen? Deshalb kriegen die Lehrer-Trainees in der LiP-Lehrerausbildung und in den selbstorganisierten berufsbegleitenden Waldorflehrerseminaren gleich zu Anfang, meist im zweiten Modul, von mir die Lehrermeditationen in die Hand und ich erkläre ihnen: Steiner geht davon aus, dass alle Waldorflehrer meditieren. Jetzt schaut euch das bitte an, findet ihr da irgendein Wort, einen Gedanken, einen Ansatz, der euch anspricht, euch eine Spur gibt. Dann nehmt das und geht da mal tiefer rein. Und genau so ist auch der Umgang mit der Menschenkunde. Findet eine Spur, wo ihr innerlich reingehen und das meditativ vertiefen könnt, und dann merkt, was macht das mit euch, was entwickelt ihr an Möglichkeiten, einfach mehr wahrzunehmen. Und darum geht es letztendlich, unsere Wahrnehmungsfähigkeit zu schulen und zu erweitern.

Die neuen, die hochsensiblen Kinder

MLP: Du sprichst immer wieder von den neuen Kindern. Was sind das für Kinder?
MH: Unsere hochsensiblen Kinder, die jetzt vermehrt auf die Welt kommen, haben das in die Wiege gelegt bekommen. Sie haben es schon, sie verstehen es bloß nicht. Wir müssen Möglichkeiten entwickeln, wie wir ihnen helfen können, damit umzugehen. Das ist ein kleines Forschungsprojekt von mir: Wie kann ich z. B. die Nebenübungen so umbauen, dass sie für Kinder altersgemäß handhabbar werden? Wie können sie ihr Denken, Fühlen, Wollen so ergreifen, aber kindgemäß, nicht erwachsenengemäß, dass sie besser damit umgehen können? Viele Kinder verzweifeln an ihrer Hochsensibilität und Hochbegabung. Ich habe auch mit Jugendlichen gearbeitet, die gesagt haben, ich will davon nichts hören, ich will so sein wie alle anderen. Damit, dass er es nicht wahrhaben will, löst er seine dadurch

entstehenden Belastungen nicht. So kommen schon Kinder und Jugendliche in Burnout-Situationen. Aber wie bekommen wir das hin, dass sie ihre besonderen Qualitäten schätzen lernen, damit umgehen lernen? Das ist angewandte Anthroposophie aus meiner Sicht. Nicht das Lehrgebäude. Alles schön, dass es das gibt. Aber der Steiner sagte ja, und das ist für mich immer ein Grundsatz gewesen: „Glaubt mir nicht, sondern prüft es, erfahrt es selber." An anderer Stelle sagt er: „Ich habe es gefunden; wenn du suchst, findest du es auch!"[11]

MLP: Hast du den Eindruck, dass Hochsensibilität dir immer häufiger begegnet? Ist das auch eine Form der Individualisierung?

MH: Ja, und für mich hängt das damit zusammen: Steiner beschreibt, dass die Menschheit Mitte des 20. Jahrhunderts unbewusst über die Schwelle geht und dadurch auf einmal unbewusst Fähigkeiten hat, die sie vorher nicht hatte. Das kommt jetzt immer stärker zutage. Und an anderer Stelle sagt er: Früher gab es den Zustand, dass die Menschen noch mehr in der geistigen Welt waren und im Schlafen-Träumen-Zustand. Dann gibt es den heutigen Zustand Schlafen, Träumen, Wachen. Jetzt kommt eine Zeit, wo die Menschen überwach sind, und das sind aus meiner Sicht schon diese Kinder. Die gucken dich im Kinderwagen schon so klar an. Kein verschlafenes Baby! Die sind schon als Kleinkinder präsent. Sollen die denn immer wieder hingebogen, angepasst, geduckt oder sogar gebrochen werden?

Die verlieren dann häufig schon sehr klein das Vertrauen in sich selber. Ich kenne genügend auch kleinere Kinder, die das Gefühl haben, ich gehöre eigentlich nicht hierher, ich komme irgendwie aus einer anderen Welt und in dieser Welt hier komme ich gar nicht so richtig an. Steiner gibt uns so viele Hinweise dafür, dass wir das verstehen können.

Auf die Grundwerke zurückgehen

MLP: Also beziehst du dich doch immer wieder auf Steiner?
MH: Wie schon gesagt: Was von Steiner angelegt ist als Anthroposophie, ist ein Weg, auf dem das Geistige des Menschen mit dem Geis-

tigen in der Welt verbunden werden kann. Das ist die Fragestellung, das zentrale Anliegen der Anthroposophie. Ich kann es auch so sagen, dass die Christuskraft in jedem Menschen mit der Christuskraft in der Welt verbunden werden kann.

Ich muss nicht alles lesen. Das ist auch eine Gefahr. Ich erlebe so viel Hochmut in der Waldorfszene, da man ständig geistige Erkenntnisse von Steiner lesen kann und meint, die hätte man selber. Das hat man aber damit noch nicht selbst erkannt. Man hat nur das nachgedacht, was Steiner vor-gedacht hat. Zudem ist in vielen Vorträgen von den damaligen Redakteuren viel dazu ergänzt und ausformuliert. Steiner hat ja auch in seinem „Lebensgang"[13] geschrieben, dass man sich auf die Grundwerke beziehen sollte und dass die von ihm nicht durchgesehenen Nachschriften der Vorträge Fehler enthalten könnten.

Pietro Archiati, der jetzt leider schon verstorben ist, hat eine wesentliche Arbeit auf diesem Gebiet geleistet. Er ist auf die Urschriften zurückgegangen und hat sie mit dem verglichen, was in der GA steht. Und da steht in der GA manchmal deutlich mehr wie das, was Steiner in dem Vortrag wirklich gesagt hat, weil diese gutmeinenden Redakteure damals gemeint haben, sie müssten es für die anthroposophische Gemeinschaft noch erläutern. Wenn du diese auf die ursprünglichen Mitschriften reduzierten Vorträge liest, sind die richtig erfrischend.

Darum bin ich immer dafür, auf die Grundwerke zurückzugehen. „Wie erlangt man Erkenntnisse der höheren Welten" z. B. hat 18 Auflagen gehabt zu Steiners Zeiten, die er immer überarbeitet hat, da stimmt jedes Wort. Du musst es nur in die heutige Zeit übersetzen. Das sagte Steiner zu Maria Röschl schon 1923, als sie Leiterin der Jugendsektion war: „Sie müssen das für die Jugend übersetzen, sonst verstehen die das nicht." Mit allen, mit denen ich arbeite, mache ich immer diese Übersetzungsarbeit für dieses wichtige Grundlagenbuch. Wie kann man das verstehen, was Steiner damals schreibt? Geheimschüler oder okkulte Wissenschaft und solche Begriffe. Das kann man übersetzen, dann kann man es auch heute verstehen und ganz anders damit umgehen.

Die sogenannten Nebenübungen

RdR: Ich finde, eine der goldenen Brücken sind die Nebenübungen. Das ist eine Brücke in das Spirituelle hinein [12].

MH: Steiner sagt ja auch, jeder, der meditiert, soll diese Nebenübungen machen, um mögliche schädliche Wirkungen der Meditation zu kompensieren bzw. zu vermeiden. Ich nenne sie Grundübungen, weil man sie auch machen sollte, wenn man nicht meditiert. Auch dieses Feld habe ich mir über die Jahre forschend erschlossen und bin darauf gekommen, dass die üblicherweise verwendeten Begriffe Gedankenkontrolle, Willenskontrolle, Gefühlskontrolle nicht das Wesentliche treffen. Aus meiner Sicht geht es um die Selbstführung, dass mein Ich Herrscher in meinen Seelentätigkeiten wird. Also spreche ich von Gedankenführung, Willensführung, Gefühlsgleichgewicht. Bei letzterem geht es aus meiner Sicht darum, dass ich in mir aktiv jeweils die ausgleichenden Gefühle erzeugen kann, um meine Gefühlslage wieder ins Gleichgewicht zu bringen. Wichtig ist für mich auch, dass diese Übungen Freude machen sollen und keinen Zwang darstellen. Ich würde mir wünschen, dass wir lernen, spielerisch damit umzugehen..

RdR: Man kann im Buch Nebenübungen lesen, um zu wissen, wie ein Geistesschüler arbeitet. Er kann es aber auch einfach aus Interesse lesen, für seine seelische Seite. Das strahlt immer so viel Freiheit aus. Ein Buch über die Nebenübungen ist so ein Kompendium mit lauter Einschränkungen.

MH: Und dann wird alles Mögliche zitiert, was Steiner in bestimmten Situationen für bestimmte Menschen auf deren (oft unausgesprochene) Fragen gesagt hat. Ich hatte gerade eine Abschlussprüfung von einer Ausbildungsbegleiterin der LiP Süd in Achkarren. Sie hat in ihrem Portfolio geschrieben, sie hätte bei mir gelernt, mit Steiner zu spielen, also auch mit den Nebenübungen zu spielen. Sie hatte früher auch dieses über die dritte Nebenübung gelernt: „Du darfst nicht Sklave deiner Gefühle sein." Das sagte Steiner m. E. zu einem bestimmten Menschen, der Sklave seiner Gefühle war. Aber das gilt doch nicht unbedingt auch für dich oder für mich.

Wenn man es immer wieder durch meditative Vertiefung auf den Kern reduziert, kommt man auf das Eigentliche, was er damit meint. Dann kann man damit eigene Erfahrungen machen. Wenn ich keine eigenen Erfahrungen mache, dann ist es eigentlich nutzlos. Denn es geht nicht um das Wissen, sondern um das Tun, das eigene Erfahrungen-Machen. Es geht darum, dass du deine Fähigkeiten erweiterst, neue geistige Organe ausbildest, woraus dann ein innerliches Erlebnis wird, das du nicht mehr verlierst.

Arbeitsgruppen auf sachlichem Feld

MLP: Wie siehst du heute den Zusammenhang der Waldorfschule mit der Anthroposophie?
MH: Um diesen Zusammenhang zu stärken, habe ich für mich einen bestimmten Ansatz für Anthroposophie entwickelt. Steiner will ja

durch die Weihnachtstagung die Anthroposophische Gesellschaft mit der anthroposophischen Bewegung verbinden, er will die beiden integrieren. Und sagt, alle, die im Sinne der freiesten Gesellschaft der Welt arbeiten auf einem bestimmten Gebiet, können dort eine Gruppe auf sachlichem Felde bilden. Ich habe darüber seinerzeit schon mit Jörgen Smit, dem damaligen Leiter der Pädagogischen Sektion in Dornach geredet. Eigentlich ist aus meiner Sicht jede Waldorfschule eine Arbeitsgruppe auf sachlichem Felde dieser damaligen neuen Anthroposophischen Gesellschaft. Denn wir arbeiten mit den Grundlagen von Steiner, also erfüllen wir die Eintrittsbedingungen in diese ursprüngliche Anthroposophische Gesellschaft. Jörgen Smit sagte damals zu mir: „Ja, da mögen Sie ja Recht haben, aber der Vorstand…! Dort ist das überhaupt nicht zu besprechen." Dann habe ich das später mit einem Sektionsleiter in Dornach nicht nur einmal besprochen: „Ja, ja, interessant, interessant." Aber es kommt nichts zurück.

An einer kleinen Südtiroler Waldorfschule, die sich nach einem Riesenkonflikt neu gegründet hat, habe ich mit dem Kollegium besprochen: Ihr arbeitet alle auf der Grundlage von Steiner, ihr wollt das auch. Könnt ihr euch verstehen als Arbeitsgruppe auf sachlichem Felde? Ich habe in Dornach noch einmal angerufen und gefragt, wie wir das machen können. Die Antwort war: Ja, das müssen wir erst überlegen, ob das überhaupt geht. Dann habe ich zu den Pädagogen dort gesagt: Macht ihr das einfach so für euch! Ich habe mich gefreut, als ich hörte, dass in der medizinischen Sektion Arbeitsgruppen auf sachlichem Felde gegründet wurden. Es entsteht dadurch ein anderes Bewusstsein eine andere Verbindung zu den Grundlagen, die Rudolf Steiner uns gegeben hat.

RdR: Hast du nicht den Eindruck, wenigstens ist es bei mir so, dass es heute einfacher geworden ist, ohne diesen Ballast gemeinsam anthroposophisch zu arbeiten?
MH: Sowohl in LiP Nord als auch LiP Süd oder mit den Seminarbegleitern kann ich total frei daran arbeiten. Die sind alle froh, dass wir einfach sagen, wir suchen uns unseren eigenen Zugang, unseren eigenen Weg zu dem, was uns Steiner gegeben hat, und arbeiten immer

an „Wie erlangt man…" Jeden Tag früh ist in jedem Seminar bei mir unsere sog. „Selbstmanagement-Schiene" drin. Und dann arbeiten wir immer mit Freude, Entdeckungsfreude an diesen Übungen. Damit spielen lernen im besten Sinne des Wortes, das fand ich so nett, wie Christina das gesagt hat, was ich vorhin erwähnt habe.

Zugang zu Steiner in den Waldorfschulen?

MLP: Dass so etwas in LiP Nord geht, glaube ich, aber es geht nur noch in Freiheit. Ich kann nicht das ganze Oberstufenkollegium dazu bringen, sich mit Steiner-Texten auseinanderzusetzen. Da gibt es welche, die schon bei dem Wort Steiner abwinken und sich auf nichts mehr einlassen.
MH: Das ist ja auch die Tragik, dass wir in den Schulen so viele Menschen einstellen mussten, die vor allem eine Stelle suchen und eigentlich mit Waldorfpädagogik nichts wirklich anfangen können.
MLP: Das, was sie an der Oberfläche erleben, finden sie toll. Damit verbinden sie sich auch. Aber mit dem, was da drunter liegt oder da drüber, damit wollen sie nichts zu tun haben. Wie gehst du mit diesem Phänomen um?
MH: Dann muss man sich doch fragen, warum? Ich habe das nur einmal in einem Kollegium erlebt, die wollten zu Salutogenese mit mir arbeiten. Ich habe sie gefragt, überlegt mal, mehr äußerlich oder mehr innerlich? Die Antwort war: innerlich! Also habe ich ihnen erst die Salutogenese von Antonovsky klargemacht und dann an den Nebenübungen und den Lehrermeditationen mit ihnen gearbeitet. Eine Lehrerin hat gesagt: Ich finde aber andere Gedichte schöner, die beiden hier gefallen mir nicht. Da habe ich mich mit ihr hingesetzt und ihr erklärt, das ist kein Gedicht. Aha, kein Gedicht? Dann sind wir darüber ins Gespräch gekommen. Sie hatte keine Ahnung, dass es Meditation gibt und konnte damit gar nichts anfangen. Langsam begriff sie, was es da noch so alles in der Waldorfschule gibt. Aber das muss man doch jemandem vorher sagen, der in der Waldorfschule anfangen will, damit er weiß, worauf er sich einlässt.

Es ist meine Überzeugung, dass fast jeder, der in die Waldorfschule kommt, doch letztlich das Spirituelle sucht, auch wenn er sich dessen vielleicht noch nicht bewusst ist. Im tieferen Untergrund sucht er das. Aber man kann auch so ahnungslos sein, dass man dann überrascht ist, was einem da alles begegnet. Manche Gegnerschaft gegen Waldorf und Anthroposophie ist daraus erwachsen. Aus meiner Sicht des Karmas geschieht nichts in unserem Leben, was keine Bedeutung für uns hat. Wir müssen die Bedeutung nur herausfinden, weil es meistens nicht offenbar ist.

Widerstände in den Waldorfschulen

RdR: Niemand ist „falsch". Aber er kann nicht immer in der Waldorfschule bleiben. Das hat manchmal Ursachen bei ihm. Viel öfter Ursachen bei uns. Oft gelingt es nicht, eine Brücke, was du Verbindung nennst, zu bauen. Er muss sich ja aus dem heraus damit verbinden, wo er biografisch und beruflich herkommt. Das wäre die Kunst. Oder besser noch das Spielerische, was du eben gesagt hast. Das wäre ein feines Fühlen. Das wäre leichter zu machen mit den Jungen, die kommen, als mit den Alten, die da sitzen …
MH: … und teilweise resigniert sind. Resignierte Menschen erreichst du auch ganz schwer. Dann musst du sagen: Du bist resigniert, darfst du auch sein, bleib resigniert, ist alles in Ordnung, wenn du es so haben willst. Aber lass uns unsere Sachen machen.
RdR: Deshalb kommt bei dem Modul Substanz unserer Führungswerkstatt eine interessante Tendenz, nämlich die geistige Arbeit nicht mehr verpflichtend zu machen. Trotzdem hast du gesagt, dass es schmerzlich ist, wenn das kein Bedürfnis ist von jemandem, der in der Waldorfschule arbeitet.
MH: Manche irren sich aber auch in ihrem Bild von der Waldorfschule. Man muss beim Einstieg genügend Orientierung geben. Damit sie nicht vermuten, man kommt jetzt in eine hübsche, heile Welt, wo alle lieb miteinander umgehen oder demokratisch mitentscheiden können. Das ist ja nicht so. Wir haben mehr Konflikte als woanders.

Wir sollten versuchen, die Konflikte zuzulassen und anständig damit umzugehen. Wenn ich sie wegdrücke, kommen sie irgendwo anders heraus. Und jeder muss seine eigene Spur finden, es gibt keine gemeinsame Spur für alle, aber ein gemeinsames Ziel, auf das die verschiedenen individuellen Spuren hinführen.

Die eigene Spur finden

RdR: Dieses Motiv bei dir, finde deine eigene Spur, zieht sich durch unser ganzes Gespräch. Das ist dein Lebensmotiv in der Arbeit mit den Kindern, mit den Erwachsenen. Finde deine eigene Spur, ist eigentlich der spirituelle Ausdruck von Entwicklungsbegleitung. Zu helfen, die eigene Spur zu finden.
MH: Im Vertrauen auf den Keim oder Kern jedes Menschen, der sein Ewiges bedeutet, das durch die vielen Inkarnationen geht.
RdR: Das ist ja das Schwierige, dass man das manchmal vergisst. Dass der, der jetzt nervt, so blöd im Konflikt ist, aber ein unangetastetes Ich hat. Das hat auch der nervigste Kollege. Oder das nervige Kind. Bei den Betreuten in sozialtherapeutischen Einrichtungen weiß man das.
MH: Das habe ich bei den Camphill-Einrichtungen erlebt, den hohen Respekt vor den Menschen mit Behinderungen, den Kern des anderen wertzuschätzen, nicht anzutasten. Christian Morgenstern sagt das so schön in einem Gedicht: „Auch der Bösewicht, der dir widerstrebet, ward einst gewebt aus Licht …"[14]

Selbstorganisation statt Selbstverwaltung

MLP: Was für eine Art Projekt würde dich jetzt noch reizen? Was möchtest du uns als diejenigen, die diesen Ansatz in die Zukunft weiterziehen wollen, mitgeben?
MH: Einmal ist es das ganze Thema der Selbstorganisation, anstatt der Ideologie dieser sogenannten Selbstverwaltung, die die Waldorf-

lehrer so besetzt hat mit nichtpädagogischen Aufgaben, worunter alle leiden. Die meisten leiden unter der Selbstverwaltung und unter den Eltern. Und darauf sind sie auch zu wenig vorbereitet. Also die Selbstorganisation statt der Selbstverwaltung ist ein Impuls, den ich wirklich weiter befördern will. Das bedeutet für mich: die Kinder, Jugendlichen in den Mittelpunkt der Arbeit stellen, nicht den Stoff, nicht die Selbstverwaltung, und deshalb in Teams zusammenarbeiten und die Dienstleitungen professionalisieren. Und damit verbunden eine neue Art der Zusammenarbeit mit den Eltern, damit sie mehr Vertrauen in die Entwicklung ihrer Kinder entwickeln und von den gewohnten Standards loslassen können.

Und dann habe ich mir notiert: neue experimentelle Waldorfschulen gründen, als Praxisforschungsprojekte entwickeln mit der Orientierung an den Entwicklungsbedürfnissen der neuen Kinder.

Neues zulassen

RdR: Diese Initiativkraft, die du durch dein Leben getragen hast, ist schon was Spannendes bei dir. Du würdest ja jetzt noch gründen.
MH: Ja, das würde ich noch. Schon in den 90er-Jahren und nach manchen Enttäuschungen mit Gründungslehrerinnen und -lehrern war das ein Anliegen von mir. Eine Waldorfschule hatte mich in den 1990er-Jahren gebeten, sie zum Thema selbstverantwortliches Lernen zu begleiten. Da war eine Gründungslehrerin, die hat trotz vielem gutem Willen und hohem Einsatz doch viele Fehler gemacht. Aber sie hätte das gerne gelernt. Damals habe ich eine Initiative im Bund ergriffen und angeregt, wir müssen diese Gründungslehrer schulen. Die müssen lernen, was sind die Grundprinzipien einer Pionierphase, wie geht es über in die Differenzierungsphase, wie integriere ich da? Das müssten die Gründungslehrer alles lernen. Und das machen wir aber als Bund der Waldorfschulen nicht.

Ich wollte einen Kurs anbieten, wie gründe ich eine neue Schule? Damit die wirklich Bestand hat. Ich bin mir ziemlich sicher, wenn es einen solchen Kurs gäbe, in dem Gründungswillige geschult würden und das Wichtiogste lernen könnten, dann würden sich mehr Menschen so etwas zutrauen. Wir dürfen uns nicht behindern lassen von diesen ganzen Herrschaftsinstrumenten, wie Wartefristen, Bindung an staatliche Lehrpläne, an Waldorf-Standards etc. Aber es blieb ohne Resonanz. Erfreulicherweise hat die LAG Niedersachsen-Bremen mit unserer Kollegin Maria jetzt solche Module zur Schulung von Gründungsinitiativen eingerichtet.

2018 habe ich die Neugründung des Netzwerkes der Waldorfgeschäftsführer*innen im Bund der Freien Waldorfschulen mitbegründet. Im Jahr 2019 habe ich mich noch einmal aktiv an einer Neugründung beteiligt, den Roaner Lernfreunden in Brixen, die den besonderen Kindern auf ihrem Demeterhof andere Lernmöglichkeiten geboten haben und bieten wollen. 2020 habe ich die Gründung der Sicom-Genossenschaft mitbetrieben. Wenn ich neue Gründungen für sinnvoll halte, vor allem für unsere neuen Kinder, dann unterstütze ich sie aktiv.

Hilfen und Unterstützung

RdR: Kannst du uns einen Satz sagen über deine beste Unterstützerin, deine Frau?
MH: Ja, dazu kann ich viele Sätze sagen. Ohne meine Frau Antonia hätte ich das alles nicht machen können. Meine Frau war immer meine engste Mitarbeiterin. Das war von Anfang unserer Ehe an so. Als wir 1967 geheiratet haben, wussten wir, dass wir ein Kind wollten. So kam 1968 unser Sohn Johannes auf die Welt, der zu unserem größten Lebensprojekt wurde. Da ich noch studierte, war meine Frau bereit, während des Semesters eine Wochenendehe mit mir zu führen. Damals lebten wir hier in Thalham in der Großfamilie mit der Mutter meiner Frau und ihrer Schwester und ihrem Bruder, die elf bzw. zwölf Jahre jünger waren als sie.

Zum Diplom zogen wir 1971 nach Stuttgart, wo wir unsere erste gemeinsame sehr schöne Wohnung einrichteten. Hier schrieb meine Frau auf unserer mechanischen Schreibmaschine (andere gab es damals noch nicht) meine ganze Diplomarbeit, bei der jeder Korrektur-

Antonia Harslem

durchlauf noch neu geschrieben werden musste. Das war ein großes Opfer ihrerseits, denn sie mochte das Schreibmaschineschreiben überhaupt nicht. Aber damit war sie aktiv unterstützender Teil meines Diplomprojektes.

Während meiner Zeit an der Uni Konstanz hat sie immer für die Transporte gesorgt, zur Uni nach Konstanz und zum Kindergarten nach Überlingen. Mit viel Verständnis hat sie immer meine Projekte unterstützt. Dafür bin ich ihr sehr dankbar. Wir hatten durch sie immer ein offenes Haus für Gäste und feierten bei uns auch in größeren Gesellschaften, die sie wunderbar organisierte und versorgte. Wir haben auch mit einfachsten Mitteln immer gemeinsam für Schönheit in unserem Ambiente gesorgt. In meinen Krankheiten hat sie mich rührend versorgt und die dadurch entstandenen Belastungen tapfer getragen. Durch meine fünf Kieferoperationen in Bad Pyrmont und die anschließenden Reha-Aufenthalte war sie mit unserem damals 9-jährigen Sohn viel auf sich allein gestellt und hat das tapfer durchgetragen. Mit meiner Migräne ist sie immer fürsorglich umgegangen und hat in Notfällen vehement für meine Medikamente gesorgt.

Die Waldorfschule Überlingen war immer unser gemeinsames Projekt. Sonst wäre das nicht gegangen. Antonia hat für den Blumenschmuck im ganzen Haus gesorgt, hat die Kinder zur Sonntagshandlung begleitet, hat eine Gruppe „schwieriger" Jungs aus Johannes' Klasse im Handarbeitsunterricht betreut und vieles mehr. Deshalb lag nahe, dass ich sie auch in der Waldorfschule, als ich Vorstand war und eine Sekretariatsstelle frei wurde, gefragt habe, ob sie hier im Sekretariat arbeiten will. Sie war dann viele Jahre bis 1994 zu meiner Freiberuflichkeit praktisch mein „Vorzimmer" und hat auch dort täglich mit mir zusammengearbeitet.

Bei verschiedenen Beratungen anderer Waldorfschulen, gerade in Innsbruck Anfang der 1990er, war sie auch dabei und sie kannte dadurch diese Projekte gut. Sie arbeitete mit manchen Schulsekretärinnen und half denen, ihren Job besser zu machen, ihre Rolle besser zu verstehen. Seit ich selbstständig bin, ist sie meine Basisstation. Sie hat mir immer den Rücken freigehalten, die E-Mails beantwortet, die Termine überwacht.

Wir sind sehr dankbar, dass wir uns so gemeinsam entwickeln konnten. Wir sind 1977 gemeinsam in die Anthroposophische Gesellschaft eingetreten, 1984 gemeinsam in die Klasse eingetreten. Seit 1992 meditieren wir beide dreimal am Tag. Es war und ist unser großes Glück, zusammen zu sein. Wir haben uns aber immer gegenseitig freigelassen. Wenn es nicht mehr stimmt, hören wir auf, ohne Zorn. Aber es war nie nötig. Irgendwann war das dann keine Frage mehr. Es war wirklich ein großes Glück, dass wir in unserem Leben so wunderbar zusammenarbeiten und uns gemeinsam entwickeln konnten.

Viele Jahre in meiner Freiberuflichkeit haben wir beide gemeinsam mit einer sehr erfahrenen Supervisorin, Helen Zwemmer, die in Zürich eine Ausbildung für Supervisoren leitete, mindestens einmal im Monat eine Supervision gemacht. Dort hat meine Frau die Methoden, vor allem die dynamische Urteilsbildung von Lex Bos, einem Gründungsmitglied des NPI, in der Praxis gelernt, so dass sie, nachdem unsere geschätzte Supervisorin aus Altersgründen nicht mehr arbeiten konnte, nach einigen Versuchen mit anderen Supervisoren, dann selbst diese Rolle für mich übernommen hat. So war und ist sie immer meine liebevoll kritische Begleiterin in allen Lebensphasen und Berufsentwicklungen.

Außerdem gestalten wir mit Freude gemeinsam unseren großen Garten und verbinden uns so mit den Schönheiten der Natur. Ein weiteres Feld für Antonia ist die Gestaltung von Schmuck. Sie hat eine große Sammlung von antiken Perlen u.ä., aus denen sie schöne Colliers entwirft, die wir dann gemeinsam gestalten. Jedes ist ein Unikat und hat eine besondere Note. So verbinden uns viele Tätigkeiten.

In diesem Zusammenhang muss ich unbedingt auch unseren Sohn Johannes erwähnen. Erst war er es, der uns wieder in die Waldorfschule geführt hat. Dann war er durch seine Hochsensibilität, sein Rechtshirndenken und die daraus resultierende Legasthenie, seine Begabung der Synästhesie, seine Phosphatempfindlichkeit… unsere Begegnung mit und Forschungsfeld für diese besonderen Begabungen. Und jetzt ist er mein Mitarbeiter seit 30 Jahren. Über zehn Jahre war er in Südafrika, in der Kap-Region, wo er Hofkäsereien einrichtete. Zuerst war er in den drei Monaten pro Jahr, in denen er den Sommer (dort Winter) hier bei uns verbrachte, jeweils mein Organisationsassistent und lernte alles damit Zusammenhängende bis hin zur Buchhaltung. Als er dann im Jahr 2000 nach Deutschland zurückkehrte, lernte er Webdesign und gestaltete meine schönen Webseiten. In eine sehr intensive Zusammenarbeit sind wir dann an unserem Lernforschungsprojekt „Freie Hofschule Gaisberg" in Salzburg gekommen, in dem er als Lernbegleiter und „Schulmanager" alle seine vielen Fähigkeiten auf schönste Weise entfalten konnte.

Seitdem das Projekt mit der Auswertung abgeschlossen war, arbeitet er als mein Mitarbeiter in meiner „Firma" Entwicklungsbegleitung von Menschen und Organisationen mit und betreut auch unseren Verein, die Akademie für Entwicklungsbegleitung. Vor allem das Thema der hochsensiblen Kinder beschäftigt uns seitdem gemeinsam. So haben wir in Südtirol schon zusammen Fortbildungen für Staatsschullehrer zu diesem Thema gegeben. Ich bin sehr froh und dankbar über unseren kleinen Familienbetrieb, ohne dessen Unterstützung ich nicht so tätig hätte sein können und weiterhin sein kann!

Über die Dreigliederung

RdR: Was fehlt uns noch? Was möchtest du noch ansprechen?
MH: Ich habe noch einige Themen gefunden, von denen ich den Eindruck habe, dass wir darüber noch reden sollten. Ein Thema, das mit der Frage Anthroposophie zusammenhängt, ist das Thema der Dreigliederung.

Ich habe mich als Geschichtslehrer intensiv mit der Zeit des Ersten Weltkrieges und danach beschäftigt. Die Dreigliederung des sozialen Organismus ist etwas unglaublich Plausibles, was Steiner damals entwickelte und in den „Kernpunkten der sozialen Frage"[15] veröffentlichte, die drei Ideale der Französischen Revolution den einzelnen Gesellschaftsbereichen zuzuordnen. Dann gab es die Aktiengesellschaft „Der Kommende Tag" und viele andere Initiativen bis hin zur Weleda, und alles Mögliche, was zu der Zeit entstanden ist. Eine unglaubliche Aufbruchsstimmung, viel Idealismus, schöne neue Projekte – aber auch sehr viele Widerstände. Und dann scheitert diese Dreigliederungsbewegung 1923. Ich bin schon früh auf die Vorträge in Oxford gestoßen, wo Steiner sagt, dass sich die Dreigliederung in die Waldorfschule zurückgezogen hat. Das hat mich von Anfang meines Waldorflehrer-Seins an beschäftigt. Was bedeutet das eigentlich?

Aus meiner Sicht wird diese von Rudolf Steiner entwickelte Dreigliederung des sozialen Organismus häufig falsch verstanden. Man schaut das nur makrosozial an, sozusagen als gesellschaftliches Prinzip. Da stimmt es natürlich, wird aber nicht wirklich realisiert. Aber wenn er damals sagt, die Dreigliederung hat sich in die Waldorfschule zurückgezogen und nur da kann es noch verwirklicht werden und nicht mehr gesamtgesellschaftlich, dann heißt das ja auch, dass es in so einem mesosozialen Organismus wie die Waldorfschule leben kann. Wenn du in die Waldorfschule kommst und fragst, was ist das Wirtschaftsleben, sagen die Leute immer: die Finanzen. Aber wenn du Steiner nimmst mit seiner Definition, ist Wirtschaftsleben dort, wo die Bedürfnisse befriedigt werden. Rechtsleben ist alles, wo Vereinbarungen geschlossen werden. Und Geistesleben ist dort, wo es um individuelle Fähigkeiten, um Erkenntnisse usw. geht. Geistesleben ist immer individuell. Rechtsleben ist das, wo man aus seinem Menschsein heraus urteilsfähig ist. Das ist sehr spannend.

Wirtschaftsleben ist also dort, wo Bedürfnisse befriedigt werden, und die Waldorfschule befriedigt die Bedürfnisse der Kinder nach Entwicklung. Die Bedürfnisse der Eltern sind dabei sekundär. Sie vermitteln die Beziehung der Kinder zur Schule.

RdR: Das Verhältnis zwischen Eltern, Pädagogen und Kindern haben wir in der Triade sehr sauber herausgearbeitet.
MH: Das Primäre sind die Bedürfnisse der Kinder. Also ist dort das Wirtschaftsleben der Schule. Und dort ist die Brüderlichkeit angesagt. Wenn du das in den Fokus stellst, dann ist es klar, dass das sozusagen die Wertschöpfung der Schule ist. Die Wertschöpfung findet im Unterricht statt, in der Begegnung Lehrer-Schüler, Schüler-Schü-

ler. Seit 30 Jahren schreibe ich Artikel dazu und versuche, auch den Geschäftsführerinnen und Geschäftsführern in den Geschäftsführer-Wochen deutlich zu machen, Dreigliederung in der Waldorfschule heißt, dass es primär um die „Bedürfnisbefriedigung" der Kinder und Jugendlichen geht. Im Wirtschaftsleben der Schule.

Jetzt ist das Spannende, wie sich das durchdringt. Der Lehrer ist, wenn er seinen Unterricht vorbereitet, im Geistesleben. Wenn er in

Eltern-Lehrer-Partnerschaft

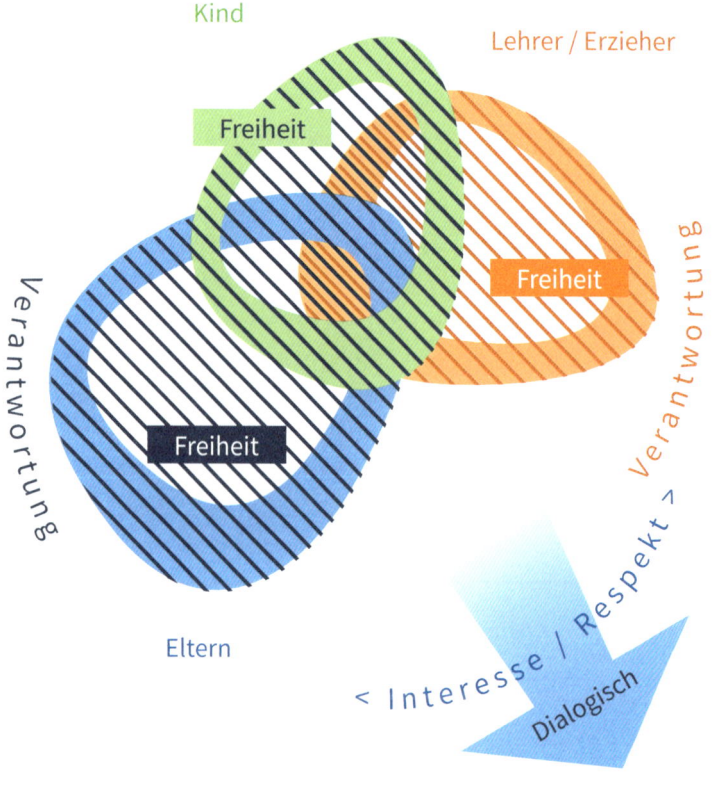

den Unterricht kommt, ist er im Rechtsleben, weil er sich an die Vereinbarungen hält, die getroffen werden. Sobald er mit den Schülern in Interaktion kommt, ist er im Wirtschaftsleben. Jetzt kommt der Dreischritt im Unterricht dazu. Der Schüler ist im ersten Schritt, wenn er dem Lehrer zuhört, den Inhalt aufnimmt, im Wirtschaftsleben. Und im nächsten Schritt, wenn es sich individualisiert, ist der Schüler im Geistesleben. Wenn er mit anderen Schülerinnen zusammenarbeitet, ist er im Wirtschaftsleben. Wenn er sich an die Spielregeln in der Klasse hält, ist er im Rechtsleben. Das ist spannend und dynamisch.

Und wenn man das denkt, richtig denkt, heißt es auch – und Steiner beschreibt in den Oxford-Vorträgen[16] die unterschiedlichen Formen der Urteilsbildung – im Geistesleben zählt immer das individuelle Urteil, die individuelle Erkenntnis; im Rechtsleben das gemeinsame Urteilen zwischen den Menschen, und im Wirtschaftsleben geht es immer um ein assoziatives Urteil, wo gesamtgesellschaftlich gesehen Produzenten und Konsumenten und Händler gemeinsam ein Urteil bilden. Wenn ich das auf die Schule übertrage, heißt das, Lehrer und Schüler bilden dann gemeinsam mit den Eltern eine Triade, ein gemeinsames Urteil.

MLP: Und der Lehrer ist der Händler?
MH: Nein, eben nicht. Die Eltern sind die Händler. Die Eltern vermitteln ja, dass das Kind zu dem Lehrer kommen kann.
RdR: Der Lehrer ist der Produzent.
MH: Ja, und Produzent und Konsument sind eben zusammen. Nicht wie sonst, wo der Konsument irgendwo außen ist. Sie sind immer zusammen und generieren täglich die Wertschöpfung gemeinsam.
RdR: Und die Wertschöpfung ist die Fähigkeitsentwicklung.
MH: Ja, und wenn man das so denkt, kriegt Waldorfschule einen ganz anderen Sinn und andere Prinzipien, nach denen ich damit umgehe.
RdR: Wenn der Lehrer seinen Unterricht vorbereitet, wie er das macht, wie Steiner sagt, da dürfen nie Bedingungen und Vereinbarungen seine Freiheit einschränken. Und da, wo es Vereinbarungen gibt, auch über den Unterricht, den Lehrplan, dürfen das nur Rahmenbedingungen sein.
MH: Genau.

Geistesleben
individuelle
Erkenntnisse,
Fähigkeiten,
Urteile

Rechtsleben
alle Vereinbarungen,
Regeln, Verträge,
Stundenplan,
Aufsichten,
Vertretungen, etc.

Wirtschaftsleben
alle Unterrichte,
Projekte, Spiele, Feste,
Veranstaltungen

Über das Forum

RdR: Ich habe dazu noch eine andere Frage. Wir haben in unserem Forum* ja Menschen mit Fähigkeiten. Jetzt arbeiten wir so lange zusammen, und du hast noch nie Raum bekommen, um mit uns darüber zu arbeiten. Hubert Staneker ist ja stark mit der Dreigliederung beschäftigt, ich glaube, er denkt es von einer anderen Seite. Auch er hatte noch nie Raum, dass wir einmal zuhören, was einer unserer Menschen an Fähigkeiten, also aus dem Geistesleben, entwickelt hat, was er uns darstellen könnte, als Konsumenten sozusagen. Das ist schon erstaunlich.

MLP: Deswegen finde ich es auch so wertvoll, dass du uns deine Praxisbeispiele erläutert hast.

RdR: Das ist interessant. Jeder von uns könnte sich ja selbst permanent fortbilden. Es gelingt uns aber bisher nur, so ein bisschen „anzuschmecken", was den anderen berührt, beschäftigt. Und wenn du das so erzählst, dann würde das bedeuten, dass mal ein Forum über diese Fragen gemacht werden müsste.

MH: Ich habe jetzt beim Forum Entwicklungsbegleitung in Loheland auch nur etwas gesagt, weil mir eine Teilnehmerin gesagt hat, sie komme mit dem und dem nicht zurecht, und mich gefragt hat, wie ich damit umgehe. Ich sagte, sie könnte den soziokratischen KonsenT, eine von der Soziokratie entwickelte Methode der Integration von Bedenken in der Entscheidungsfindung, verwenden, um diese Bedenken in der von ihr begleiteten Organisation bewusst zu machen und um damit konstruktiv umzugehen. Aber dann hatten wir in der Pause keine Zeit mehr, und ich habe ihr gesagt, wenn du willst, frage mich in der Runde. Aber sie hat nicht gefragt, darum habe ich das nicht gebracht.

RdR: Von Hubert habe ich auch schon oft gehört, darüber würde ich gerne mal mit euch arbeiten. Man hätte ja einen Kreis, wo das abge-

---

* Alle ausgebildeten Entwicklungsbegleiterinnen und -begleiter, welche mit dem Namen „Entwicklungsbegleitung von Menschen und Organisationen" arbeiten, treffen sich verbindlich zweimal im Jahr im Forum Entwicklungsbegleitung, um gemeinsam zu entwickeln, zu forschen, zu bereden.

klopft wird, ergänzt wird, was ja im Kleinen passiert. Aber es passiert nicht, dass das mal von den anderen mitangeschaut wird, was man sich in seinem Leben erarbeitet hat.

Individualität und Gemeinschaft

MLP: Ich bin heute Morgen* mit der Frage aufgewacht, wie du die Individualisierung einerseits und die Gemeinschaft andererseits zusammen denkst. Für mich kommt immer wieder die Frage auf, wenn ich als Individuum mich immer weiter individuell entwickle, was ja positiv ist, wie können wir noch zusammen Waldorfschule sein, Gemeinschaft, nach der sich im übrigen viele sehnen, und keine Schule, wo jeder macht, was er denkt. Vielleicht kannst du das auch mit der Dreigliederung in Verbindung bringen. Also, wie denkst du das zusammen: Individualisierung und Gemeinschaft?
MH: Ich habe erlebt, dass es viele Illusionen gibt über Gemeinschaft. Wir hatten das in meiner Waldorfschule in Überlingen auch. Als ich dort eintrat, war das Gehaltssystem völlig transparent, jeder nimmt das aus einem gemeinsamen Topf, was er an Bedürfnissen hat. Deshalb war es auch total ungleich, wie die Gehälter verteilt waren. Manche hatten bei gleichen Familienverhältnissen doppelt so viel wie andere. Einmal im Herbst kreiste die Liste, jeder trug ein, was er haben wollte, dann wurde zusammengezählt, und wenn es zu viel war, dann kreiste die Liste wieder. Dann sind einige heruntergegangen, damit das Ganze wieder stimmt. Als ich eintrat, und fragte, wo kann ich mich hier ansiedeln, hat mir der Vorstand damals die niedrigste Summe genannt. Dann hatte ich weniger als die Hälfte von dem, was ich vorher an der Uni hatte. Drei Monate im Herbst gab es viele Gespräche zwischen einzelnen und in Gruppen über diese Bedürfnisse. Das war grauenhaft, weil es eine Explosion der Egoismen war.

Dann war ich geschäftsführender Vorstand geworden. Und wir hatten die Situation: Die Liste kreist, und es ist zu viel. Dann ist die

---

* Das Gespräch fand an zwei Tagen statt.

Liste nochmal gekreist, und es war diesmal noch mehr statt weniger. Das war der Punkt, wo ich Stopp gesagt habe: Das zeigt jetzt, dass es nicht mehr geht. Dann haben wir eine Gehaltsordnung eingeführt. Es begann der Prozess, dass es wirklich zu einer gemeinsamen Vereinbarung kommt und dass es sich im Rechtsleben abspielt. Es ging nicht um Brüderlichkeit, das ist dafür Unsinn, das ist der Traum von einer Lebensgemeinschaft. Wenn ich in einem Arbeitsverhältnis bin, ist es eine Rechtsvereinbarung, wie viel jeder bekommt. Wir sind als Kollegium keine Lebensgemeinschaft, sondern eine Arbeitsgemeinschaft.

RdR: Aber das Prinzip, das Wohl einer Gemeinschaft ist umso höher, je weniger der einzelne die Erträgnisse seiner Arbeit für sich beansprucht ...

MH: Genau. Und die Erträgnisse seiner Arbeit als Lehrer sind die Leistung, der Unterricht, nicht die Bezahlung. Da macht sich auch wieder falsches Bewusstsein breit, als ob das Ziel unserer Arbeit das Geld wäre und nicht der andere Mensch mit seinen Bedürfnissen. Auch der Mensch, der ein Auto zusammenschraubt, wird nie dieses Auto fahren. Das macht er immer für andere. Der Punkt ist, dass bei den 68ern immer der Traum der Lebensgemeinschaft dahinterstand. Aber wir sind in der Schule, im Kindergarten eine Arbeitsgemeinschaft und keine Lebensgemeinschaft, nicht wie eine Familie, die alle Gelder teilt und alle versorgt. Und diese Illusion der Lebensgemeinschaft hat zu so vielen unguten Dingen in den Schulen geführt. Bei den Camphill-Gemeinschaften ist es anders, die waren lange Zeit wirkliche Lebensgemeinschaften. Aber das lässt sich auf die Waldorfschule nicht so übertragen.

Steiner sagt ja auch in den Kernpunkten sehr deutlich, Arbeitsleiter und Arbeitsleister – er sagt nicht Arbeitnehmer und Arbeitgeber, weil das verkehrte Begriffe sind, weil der Arbeitnehmer ja seine Arbeit gibt, der Arbeitgeber die Arbeit nimmt – sollen sich zusammensetzen und überlegen, wie hoch der Anteil der einzelnen am gemeinsamen Ergebnis ist. Das spielt sich im Rechtsleben ab. Wie können wir das Ergebnis verteilen, das wir gemeinsam erwirtschaftet haben? Man kann dann auch noch berücksichtigen, dass da einige zu versorgen sind, die nicht arbeiten können, wie Kinder oder alte Menschen.

Das Rechtsleben nicht richtig zu denken, führt dann zu solchen Auswüchsen, wie diese Gehaltsordnungen, die angeblich auf den Bedürfnissen beruhen. Da haben sich bei uns damals die Leute gegenseitig vorgerechnet: Ich kann meinem Kind im Sommer nur drei Mal ein Eis mit zwei Kugeln kaufen, weil ich nicht mehr Geld habe und solche absurden Sachen. Das ganze Kollegium war im Herbst über zwei bis drei Monate vor allem mit den persönlichen Bedürfnissen der Lehrer und ihrer Familien beschäftigt.

RdR: Da war unser System ja besser. Aber es hätte da Prinzipien geben müssen, nach denen dieses Gremium arbeitet. Das haben wir versäumt. Es gibt ja verschiedene Verteilungsnotwendigkeiten, das zeigt sich schon im Kinderzuschlag.

MH: Und immer schlagen die Egoismen durch. Ich habe bei Steiner auch gelernt, dass er sagt: Wir können den Egoismus nicht bekämpfen. Aber wir können Formen schaffen, die dem Egoismus keinen Raum geben. „Wie das Schwert, das in der Scheide steckt, so müssen die Formen sein, die den Egoismus begrenzen."

Das Thema Dreigliederung richtig zu verstehen heißt, dass ganz unterschiedliche Urteilsprinzipien da sein müssen, ob es um Wertschöpfung, um Vereinbarungen oder um Erkenntnisse geht. Das wird immer wieder vermischt. Die meisten leben in diesem Bewusstsein, der Unterricht ist das Geistesleben, und da habe ich alle Freiheiten, die ich haben will. Das ist einfach ein falsches Bewusstsein. Ich habe in meiner „linken" Zeit gelernt, Ideologie heißt falsches Bewusstsein. Also ist es Ideologie.

RdR: Um das einmal für mich zu schärfen: Das würde ja heißen, im Unterricht richtet man sich nach den Bedürfnissen des Kindes. Logischerweise aus dem, was du jetzt gesagt hast. Ich als Lehrer kann das, was ich mir im Geistesleben erarbeitet habe, individuell diesen Bedürfnissen zur Verfügung stellen. Ich kann aber nicht tun, was ich in meiner Freiheit möchte. Damit sich das auch ausdrückt, gibt es eine Reihe von Rahmenbedingungen – zum Beispiel den Waldorflehrplan durchzuführen.

MH: Das ist noch die Frage, ob ich diese Pläne so akzeptieren muss. Als ich im Bundesvorstand war, habe ich die ganzen neun Jahre ge-

gen diesen Richter-Lehrplan gekämpft, weil ich nicht wollte, dass der Waldorflehrplan so detailliert festgeschrieben wird.
RdR: Das ist dann kein Lehrplan mehr.
MH: Es wird aber als Lehrplan verkauft. Ich sage immer allen, die jetzt in der Lehrerausbildung sind, vergesst erst einmal diese anderen Lehrpläne, nehmt den von Caroline von Heydebrand, weil das die ursprüngliche Grundlage ist[17]. Da drin hast du so viele Freiheiten, bist aber orientiert an den grundlegenden Entwicklungen der Altersstufen.
  Das noch zum Thema Dreigliederung: Das habe ich mit den Geschäftsführern all die Jahre überall, wo ich auch war – jetzt auch mit dem Netzwerk der Waldorfgeschäftsführer – immer wieder versucht klarzumachen: Wenn ihr Steiner ernst nehmt, dann heißt das in der Waldorfschule, die Wertschöpfung findet im Unterricht statt. In der Begegnung Schüler-Lehrer und Schüler-Schüler. Und Steiner sagte in den Kernpunkten sogar einmal, Unterricht ist wie Ware (Er sagt nicht, ist Ware, das wird oft falsch zitiert.), weil es die Wertschöpfung ist, die da stattfindet.[18]
RdR: Das ist für mich einleuchtend gewesen, hat aber dann wenig Auswirkung in der Praxis gehabt. Man hat ja die unmöglichsten Sachen mit der Dreigliederung gemacht; Kämpfe zwischen Vorstand und Schulleitung. Deshalb habe ich mich nicht mit der Dreigliederung beschäftigen können.
MH: Dann gibt es die Ideologen, die sagen, du darfst das nicht auf die Waldorfschule beziehen, das musst du immer gesamtgesellschaftlich sehen. Aber, wie schon erwähnt, Steiner sagte in Oxford, die Dreigliederungsbewegung ist gesellschaftlich gescheitert und hat sich in die Waldorfschule zurückgezogen.
RdR: Die Dreigliederung, wie du sie geschildert hast, findet also in einer Organisation statt, die dem Geistesleben zugeordnet ist. Dann gibt es in dieser Organisation diese Dreiheit im Geistesleben, im Rechtsleben und auch im Wirtschaftsleben. Das war mir so einleuchtend, dass ich mir gesagt habe, das ist der Schlüssel, den man hat. Die Dreiheit ist natürlich eine andere im Geistesleben als im Wirtschafts- oder im Rechtsleben. Aber sie ist da.

Versuche im allgemeinen Wirtschaftsleben

MH: Völlig richtig! Wir haben ja versucht, mit der Naturata – wir in Überlingen, du in Luxemburg – im Bereich Nahrungsmittelversorgung und so weiter das Assoziative zu leben.
RdR: Das ist in Luxemburg eingerichtet. Das ist wirklich fast einmalig in Europa, das muss man schon sagen, durch einen Freund, den wir gut kennen, Änder Schank, der das mit einer gewissen bäuerlichen Sturheit durchgezogen hat, und das fast nicht verstanden wurde. Wenn er mal abtritt, dann wird das auch dort wohl verschwinden.
MLP: Vielleicht ist es interessant, das kurz zu sagen.
RdR: Ja, er kommt aus dem Bäuerlichen und hat dadurch immer den Bezug der Verarbeitung und Vermarktung ganz nah an die Bauern herangezogen. Dann haben wir eine große Arbeit mit denen gemacht, und ist es der Händler, das ist ein bisschen unscharf, der die Bedürfnisse der Kunden kennt? Nein, eben nicht. Es ist der Kunde. Und deshalb gibt es assoziative Gespräche mit den Bauern, die natürlich immer mehr Geld wollen, und den Kunden, die irgendwann die Waren nicht mehr bezahlen können. Diese Gespräche gibt es und deswegen sind die Waren dort teurer, weil sie diese Warenkette berücksichtigen.
MLP: Mit wem finden die Gespräche statt?
RdR: Die Aktiengesellschaft, die das Ganze hält, veranstaltet das und bringt diese Gruppen von Menschen zu Gesprächen zusammen.
MH: Das haben wir in der Naturata-Genossenschaft in Überlingen auch versucht. Über Jahre haben wir das auch umgesetzt. Aber da war der Initiator der Händler, nicht die Produzenten. Unser Händler war in seiner Art genial. Er konnte alles in Bio-Qualität besorgen, was zur Befriedigung seiner Kunden gebraucht wurde. Leider hat er sich dadurch so eingeschränkt gefühlt, dass Konsumenten und Produzenten mit ihm im Gespräch über die Preisbildung waren, dass er beschlossen hat, dass unsere Genossenschaft nur noch der Träger der Gebäude war und er sich als Händler mit der Naturata GmbH verselbstständigt hat.
RdR: Das ist überall passiert.

MH: Dann war dieses assoziative Gespräch weitgehend abgebrochen. Wir haben immer gesagt, ist es einsichtig, dass für ein Kilo Möhren der Bauer – der aussät, dann jätet, erntet, sortiert, wäscht und zum Laden bringt – genau das Gleiche kriegt wie der Händler, der das nur verpackt und dem Kunden in die Hand drückt? Das stimmt doch nicht. Nebenan im Supermarkt wird das Kilo Möhren für 50 Cent verkauft, und der Händler kriegt 25 Cent fürs Kilo. Uns wird es für 2 Euro verkauft, und der Händler kriegt 1 Euro fürs Kilo. Das stimmt doch nicht. Die Leistung des Händlers ist die gleiche. Bei der Produktion ist die Arbeit natürlich nicht die gleiche, der biologische Produzent wendet sehr viel mehr auf und muss deshalb auch mehr kriegen. Aber der Händler muss nicht einen so hohen Anteil haben. Aber der Händler hat da immer quergelegen mit seinen eigenen Bedingungen, die aus seiner Sicht verständlich waren, aber die nicht in einen assoziativen Prozess integriert waren.
RdR: Bei den Assoziationsgesprächen ist ja auch der Händler immer dabei.
MH: Das war er bei uns auch. Aber der Händler hat sich letztendlich durchgesetzt.

Arbeit und Leistung und ihr Verhältnis zum Einkommen

MLP: Wie wirkt sich das in der Schule auf die Lehrer aus?
MH: Solange ich in der Schule Vorstand war, habe ich immer die Gehälter zu Monatsbeginn ausgezahlt, um durch diese Geste zu verdeutlichen: Du wirst nicht für deine erbrachte Leistung bezahlt, sondern du bekommst das Geld, damit du Deine Leistung erbringen kannst. Und Steiner sagte ja auch über die Einkommensbildung bei den Künstlern: Der Künstler muss so viel bekommen für sein Kunstwerk, dass er wieder ein neues produzieren kann. Und wir wollen ja mit Erziehungskünstlern arbeiten!

Das sind scheinbar Kleinigkeiten. Aber die Prinzipien verwässern sich und sind nicht mehr im Bewusstsein der Menschen. Das ist auch so mit der Trennung von Arbeit und Einkommen. Das hat für mich noch mal eine andere Dimension, denn Steiner sagt nie, dass Leistung und Einkommen zu trennen seien. Und die Arbeit kann man auch nicht bezahlen, sondern nur die Leistung. Da bringt der Steiner auch ein sprechendes Beispiel in dem sehr interessanten nationalökonomischen Kurs. Er sagt: Wenn du die Treppen raufgehst bis in den 5.Stock und wieder hinunter, dann hast du gearbeitet. Wenn der Briefträger da hinaufgeht und einen Brief abgibt, dann arbeitet er auch, aber er erbringt für dich eine Leistung und diese Leistung wird entlohnt. Das ist der Unterschied, das wird auch immer wieder in den Schulen verkannt. Es geht nicht um die Arbeit, die jemand aufwendet, sondern es geht um die Leistung, die jemand durch seine Arbeit erbringt.

RdR: Das ist der Grund, warum man darüber reden kann, wenn die Schulen dafür offen sind, warum jemand, der die Verantwortung für die Gesamtschule übernimmt, anders bezahlt werden muss als der, der das nicht tut. Er erbringt eine Leistung, die der Lehrer, der „nur" unterrichtet, nicht erbringt. Da hat sich aber die Gleichheit durchgesetzt. Das ist natürlich verheerend, und wir haben jetzt die Folgen.
MH: Es ist auch richtig, jemanden an seiner Leistung zu messen.
RdR: Dann ist der Begriff Leistung negativ besetzt worden durch die 68er-Bewegung.

Was ist die Leistung eines Lehrers?

MLP: Obwohl mir nicht ganz verständlich ist, was die Leistung ist, wenn ich als Lehrer arbeite … die Fähigkeiten der Schüler und Schülerinnen? Ist das auf mich zurückführbar oder auf die Gemeinschaft? Es gibt ja auch noch andere Lehrer.
MH: Deine Leistung ist die Entwicklung der Schüler! Und das ist sehr gut auch auf dich zurückführbar. Du merkst doch genau, in welcher Resonanz die Schüler mit dir sind, was da herauskommt und wie sie sich entwickeln. Und natürlich sind die anderen Lehrer auch beteiligt, aber auch die Schülerinnen und Schüler. Bei anderen kann es auch gut gehen, aber bei wieder anderen gibt es vielleicht auch Kampf oder nur Ärger oder sie lernen nichts oder nur wenig. So wird es im-

mer eine Gesamtleistung sein, die sich aus einzelnen Teilleistungen zusammensetzt. Negative Leistungen dürften wir aber eigentlich den Schülern zuliebe nicht zulassen.

Wir waren in Überlingen so bewusst in dieser Frage, dass wir keine Annoncen geschaltet haben und z. B. drei Jahre lang den Biologieunterricht fachfremd vertreten haben, weil wir nicht den richtigen Lehrer gefunden haben. Und die Eltern haben gesagt, ja, macht das, auch wir wollen keinen schlechten Lehrer hier bei uns haben.

RdR: Ihr hattet natürlich die Attraktivität des Bodensees …

MH: Nein, nicht des Bodensees. Unsere Attraktivität hatte andere Ursachen. Unsere Schule ist ja gegen den Willen des Bundes gegründet worden. Helmut von Kügelgen war Genosse Nummer Eins unserer Schulgenossenschaft, der war unser Pate im Bundesvorstand und hat für uns gebürgt. Er hat die Patenschaft für unsere Schule übernommen, weil er mit dem Ehepaar Hahn, den Schulgründern, befreundet war. Diese Schule hatte vor der Gründung drei Wochen ein NPI-Seminar gehabt, zur Schulung der sozialen Fähigkeiten, und das war den damaligen Stuttgarter Bundesvorständen ein Dorn im Auge. Die haben damals dann immer, auch im Seminar, gewarnt vor der Überlinger Schule: „Die machen da Gruppendynamik, das ist so etwas ganz Komisches." Man kann sich das heute gar nicht mehr vorstellen. Die Tatsache, dass von „oben" dauernd vor unserer Schule gewarnt wurde, das hat unsere Schule interessant gemacht für Menschen, die neue Formen suchten: Die Überlinger Schule – offiziell ganz obskur. Deswegen haben sich ganz viele Leute für uns interessiert und wollten bei uns mitarbeiten.

Die Hochsensiblen

MLP: Hast du noch weitere Anliegen, die du mit uns besprechen willst?

MH: Es gibt ein zweites Thema, das für mich wichtig ist in meinem Leben und was ich erst mit 62 Jahren bewusst erkannt habe in der Arbeit mit meinen gescheiterten Waldorfschülern in unserer kleinen

Hofschule auf dem Gaisberg in Salzburg. Eigentlich hätte ich das schon wissen können durch meine Erfahrungen mit mir selbst, mit meiner Frau, mit unserem Sohn Johannes, der als Bilddenker und Synästhesist eine besondere Schulbiografie hatte. Aber man meint ja immer, dass alle anderen genauso oder wenigstens ähnlich ticken wie man selbst. Dadurch hält man als Hochsensibler das in der Regel für völlig normal.

Unsere Schüler in der Freien Hofschule Gaisberg hatten Diagnosen von Legastheniker, Dyskalkulie, ADHS, Schulverweigerer, alles Mögliche. Ich habe meinen Sohn Johannes in das Projekt mit hereingeholt, und wir haben dort intensiv zusammengearbeitet. Mit einem freien dialogischen Lernen orientiert am Waldorflehrplan haben sie alle wieder die nötige Sicherheit bekommen, um ihre Potenziale zu entfalten und lernen zu können. Es war ein handlungspädagogischer Ansatz mit entdeckendem Lernen – wenn wir es damals auch nicht so benannt haben – denn sie haben immer an konkreten Tätigkeiten und Projekten selbst entdeckt, was sie dazu wissen wollten. Und das war eine ganze Menge! Und sie waren unermüdlich im selbst Erforschen und sich gemeinsam darüber Austauschen.

Ich dachte immer, irgendetwas von denen kenne ich doch bei mir auch. Ich fragte so einen Kleinen, als das Einmaleins dran war, wie viel sind sechs mal sechs, und er sagt 36 – weil ich „36" gedacht habe. Dann haben Johannes und ich vereinbart, wir denken „Sahara". Dann frage ich wieder, was ist sechs mal sechs und denke „Sahara" – und es kommt von dem Kleinen nichts, null. Und dann hatten wir auch einen ganz Cleveren, der nach einiger Zeit gesagt hat, Herr Harslem, das ist unfair, jetzt denken Sie „Sahara". Diese Schüler konnten einfach abnehmen, was du denkst und fühlst. Diese Fähigkeit haben sie.

Ich dachte also, das kennst du doch, was liegt denn da dahinter? Ich hatte keinerlei dieser Diagnosen und keinerlei Probleme in der Schule. Erst dadurch bin ich auf die Spur der Hochsensibilität generell und auch bei mir gekommen. Ich war als Kind immer verschrien: „Der ist so empfindlich …", „Stell dich nicht so an …". Aber das hat mich, das haben wir ja gestern schon besprochen, nie in meinem Ur-

vertrauen erschüttert. Aber diese Kinder waren alle in ihrem Urvertrauen erschüttert.

Ein Beispiel für meine Hochsensibilität: Ich war nur einmal in meinem Leben in einer Diskothek. Das hat mich so zerfetzt, ich wusste gar nicht, was mit mir passiert. Mit diesen Bässen, diesem Licht da oben, diesen Emotionen der Menschen... Nie mehr, habe ich mir gesagt! Nie mehr kriegt ihr mich in so einen Schuppen hinein. Die anderen haben gesagt, wieso denn, das ist doch schön. Ich wusste, wenn ich das mache, dann zerreißt mich das.

Und so gab es viele Sachen in meinem Leben, bei denen ich immer wusste, da muss ich auf mich achten, wenn ich da zu sehr reingehe, bin ich gefährdet. Bei manchem habe ich das nicht gemerkt, da musste ich wieder mal krank werden, um zu verstehen, da ist meine Grenze oder das ist nicht wirklich auf meiner Spur.

MLP: Was heißt das, du musstest krank werden?
MH: Ja, es ging bei den Krankheiten immer um die sachlichen Bereiche, um die Berufsspur. Wie bei meinem ersten Studium der Atomphysik. Da musste ich so krank und schwach werden, bis ich nicht mehr konnte. Und bis ich dann von dem Chef der Schwabinger Klinik, meinem väterlichen Freund Prof. Dr. Herbert Begemann, nach drei Wochen Untersuchungen in der Schlussbesprechung gesagt bekam, das sind nur Magen- und Zwölffingerdarmgeschwüre, das kann man ausheilen. Dann gab er mir einen Rat, für den ich diesem Mann bis heute dankbar bin: „Ich habe das Gefühl, du studierst das Falsche. Mache in deinem Leben das, was dir Freude macht!"

Das habe ich seitdem beherzigt. Dann überwindest du auch Talsohlen, die natürlich immer wieder kommen, dann hältst du Widerstände und Misserfolge aus. Wenn es dir Freude macht, bist du auf deiner Spur. Dann habe ich mit 62 Jahren erkannt, dass es diese besondere Begabung ist, die diese Kinder haben und ich auch – und dass davon nicht nur eine kleine Gruppe betroffen ist, die eben Dyskalkulie oder Legasthenie hat, sondern dass mindestens 20 Prozent der Menschen diese Begabung in unterschiedlicher Ausprägung haben. Seitdem versuche ich, Menschen zu helfen, diese besondere Begabung an sich zu erkennen. Denn wenn du es erkannt hast, kannst du anders mit deinen Qualitäten und Grenzen umgehen und mit den davon betroffenen Kindern auch. Wenn du siehst, dieses Kind ist im Panikmodus und deshalb schlägt es um sich, und frägst dich, wie bekomme ich es wieder so in Sicherheit, dass es bei sich sein kann, dann ist das etwas anderes, als wenn ich dieses Um-sich-Schlagen als Wahrheit nehme, das Kind als aggressiv oder sogar als gefährlich einstufe und das Kind dann so behandle. Das ist seitdem, also seit 16 Jahren, eine weitere Spur, die ich intensiv verfolge.

Warum arbeitest du noch?

RdR: Nachdem du deinen karmischen Auftrag schon erfüllt hast, würde Steiner sagen, mit 63 oder 72, was kommt denn nun auf dich zu? Da hört dein Leben nicht auf, da kommt etwas ganz Neues.

MH: Für mich ist immer ein schönes Bild bei Steiner, der sagt: Bei deiner Geburt verdeckt die Sonne deinen Stern. Und mit 72 gibt sie deinen Stern wieder frei. Danach sind das dann die geschenkten Jahre, die du bekommst nach 72, wenn dein Stern wieder freigegeben ist.

Warum arbeite ich noch? Das liegt an den hochsensiblen Kindern, denen es auch in den Waldorfschulen oft nicht gut geht. Ich will ihnen, wo ich kann, bessere Bedingungen in der Schule, aber auch zu Hause verschaffen. Die Hypersensibilität beschäftigt mich doch sehr. Ich habe durch mein Interview dazu in der Erziehungskunst vom Mai/Juni 2020 sehr viele Anfragen von Müttern aus ganz Deutschland bekommen, die sagten, Sie beschreiben genau mein Kind. So sind es bisher circa 100 Kinder und noch mehr Erwachsene, mit denen ich darüber gearbeitet habe, damit sie diese Qualität bei sich besser erkennen und verstehen können.

Ich selbst hatte jedoch immer ein recht gutes Gefühl für meine Bedürfnisse und Grenzen. Nachdem ich in der Waldorfschule angefangen hatte, war mir klar, wenn ich fast jeden Tag bis abends um 22:30 Uhr in der Schule bin, brauche ich einen Mittagsschlaf. Und die Zeit von eins bis drei Uhr war ab dann tabu. Um eins habe ich zuhause mit meiner Familie gegessen, dann habe ich meine Mittagsmeditation und meinen Mittagsschlaf gemacht und bin erst um drei Uhr wieder in der Schule gewesen. Das ging.

MLP: Und woher nimmst du die Kraft, das alles zu tun?

Die Lehrermeditationen

MH: Damit komme ich zu einem anderen Thema. Mit dem Eintritt in die Waldorfschule und in die Anthroposophische Gesellschaft war mir klar, wenn ich Steiner gelesen habe: Du musst meditieren, um in die Vertiefung zu kommen, sonst verstehst du Steiner nicht wirklich. So habe ich auch immer ernst genommen, wie Steiner sagt: „Abends vor der Meditation nehmt euch die Kinder innerlich vor das geistige Auge und fragt, was wollt ihr eigentlich hier auf der Welt? Was ist euer Auftrag und euer Motiv?" Dann sagt Steiner weiter: „Morgens nach eurer Meditation nehmt sie euch vor das Bewusstsein, wie sie äußerlich aussehen." Das habe ich geübt. Es ist erstaunlich, du kennst das sicher auch. Du begegnest dem Kind früh und bist ihm vorher schon begegnet, du kannst genau ablesen am Händedruck, am Blick, an allem kannst du ablesen, wie es ihm geht. Also war mir klar, früh und abends meditieren und vorher und danach sich die Schüler vor die Seele nehmen.

Ich habe mit den Lehrermeditationen nicht gekämpft, aber sie haben sich mir anfangs ganz schwer und nur langsam erschlossen. Ich habe erst nicht verstanden, warum soll ich das als Lehrer meditieren, weil es offensichtlich mit meinem täglichen Tun nichts zu tun hatte. Es hat mit deinem Verständnis von der Welt und von dir selbst zu tun. Bis ich dann verstanden hatte, dass du dadurch eine Beziehung zu deinem höheren Selbst entwickeln kannst. Als ich das begriffen hatte, bin ich wirklich immer tiefer reingekommen.

Vor 30 Jahren habe ich einen nächsten Schritt gemacht, dass ich drei Mal am Tag meditiere, früh, mittags und abends. Das ist letztlich meine wirkliche Kraftquelle. Auch wenn ich unterwegs bin, suche ich mir dafür eine Lücke und mache auch meinen ganz kurzen Mittagsschlaf; das geht, wenn du es strategisch einplanst. Das sind meine drei Ankerpunkte im Tag. Und der Rückblick ist auch schon immer ganz wichtig für mich, dass ich erst meinen Tagesrückblick mache und dann meine abendliche Meditation. Das ist wie Nahrung, ich möchte das nicht missen. Es macht mir Freude, es ist keine Pflichterfüllung. Es ist immer ein Bei-mir-selbst-Ankommen, ein Mich-Verankern, denn damit bekomme ich den Bezug in eine andere Dimension.

RdR: Und du veränderst dich in der Zeit, ohne dass du das bemerkst, dass du dich veränderst in der Zeit. Durch diese Treue, dass man das macht.

MH: Eine spannende Erfahrung ist für mich gewesen, wenn du einmal etwas wirklich tief durchmeditierst und an diese Dimension anschließen kannst, die da drin ist, dann kannst du später in Bruchteilen von Sekunden wieder da drin sein, wenn du es einmal geschafft hast. Dann bist du an der Kraftquelle. Du kannst da sofort wieder anschließen. Den Menschen, mit denen ich arbeite, auch im Coaching, versuche ich das auch immer nahe zu bringen.

Die Wochensprüche als Forschungsfeld

MLP: Wir haben gestern kurz darüber gesprochen, wenn wir mit dir den Nachklang machen, erzählst du immer aus den Wochensprüchen. Welche Bedeutung haben für dich die Wochensprüche?

MH: Mit den Wochensprüchen aus dem Seelenkalender[19] von Rudolf Steiner gehe ich auch schon über 40 Jahre um. Steiner sagt, das sind Stimmungen, die in der Natur und in der Welt leben. Da reinzugehen und die Qualitäten zu erfassen, die da drin enthalten sind, ist mir ein Anliegen. Darum kann ich es auch nicht ertragen, wenn das wie eine Pflichtübung heruntergespult wird. Jedes Wort ist so gesetzt, dass es so sein muss. Diese Sprüche sind für mich kleine Kunstwerke mit vielen Dimensionen. Ich versuche, sie so zu meditieren, dass ich bemerke, was das Eigentliche ist, was da drinsteckt, was ist das Wesentliche, an das ich da anschließen kann. Wie wird mir das zum inneren Erlebnis.

Ich mache das jetzt ungefähr 40 Jahre, jeder Spruch eine Woche, das sind sieben Tage, also circa 280 Mal habe ich jetzt jeden dieser Sprüche durchgegangen, auch durchmeditiert und entdecke immer wieder neue Dimensionen und neue Rätsel. Ich frage z. B., habe ich ein inneres Erlebnis, wenn er sagt, „die Gotteskräfte, die kräftig mir im Innern leben"? Kann ich das denn wirklich erleben? Erlebe ich die Gotteskräfte? Oder stelle ich sie mir nur vor? Wenn ich es nicht erlebe, sind es nur schöne Worte, schöne Vorstellungen. Es geht darum, ob ich das wirklich erleben kann. Es ist immer schön, wenn man dabei in eine Ahnung davon kommt. Steiner spricht ja auch immer wieder vom Ahnen der geistigen Welt. Es ist ja nicht so, dass du das im Denken erreichen kannst. Dann bist du in deinen Vorstellungen davon. Die kannst du beliebig produzieren. Sie sind aber nicht die geistige

Realität. Nur mit deinem Herzen kommst du dahin. Erst mit deiner Ahnung und deinem Empfinden spüren, was da ist, und es dann mit Bewusstsein durchdringen. Steiner sagte, du kannst damit neue Organe ausbilden, neue Erkenntnisorgane, und die bilden wir in unserem Herzen aus und nicht in unserem Kopf. Das wird auch, denke ich, noch einige Inkarnationen dauern, bis wir das wirklich entwickelt haben werden.

RdR: Hast du mal etwas mit dem Florin Lowndes zu tun gehabt?
MH: Mit ihm habe ich auch einmal gearbeitet. Als Kollegium haben wir uns immer wieder Menschen eingeladen, z. B. Florin Lowndes oder Athys Floride, um an den Nebenübungen zu arbeiten. Wir haben das dann für eine Zeit in unser Konferenzgeschehen einbezogen: Wie ist das mit der Gedankenführung, der Willensführung, dem Gefühlsgleichgewicht, der Positivität und der Unbefangenheit?

Die Forschung

RdR: Hast du da noch ein Thema auf deinem Zettel?
MH: Ja. Du hast es gestern schon mal angesprochen: die Forschung. Dem habe ich noch mal nachgespürt. Letztlich ist es ein Grundanliegen von mir, immer das, was da ist, zu erforschen. So auch die Wochensprüche. Ich erforsche die, ich sage die ja nicht.

Wie wir in Innsbruck die Oberstufe neu aufgebaut haben, habe ich vorgeschlagen, das als Praxisforschungsprojekt zu machen. Das heißt, wir erforschen unsere eigene Praxis. Wir schauen, welche Fragestellungen wir haben. Die zentrale Frage war: Was berechtigt uns, die Lebenszeit der Jugendlichen, die sich in einem großen persönlichen Umbau befinden, mit diesem oder jenem Fach zu belegen? Dann sehen wir, auf welchen Feldern spielt sich das ab, machen uns bewusst, welche Kriterien wir haben, führen das durch und werten es danach nach diesen Kriterien aus. Das war sehr erfolgreich in Innsbruck, weil wir sehr viel Bewusstsein in den Lehrplan und in die Situation der Jugendlichen in diesem Alter hineinbekommen haben.

Dann habe ich meinen eigenen Ansatz der Praxisforschung entwickelt, bei dem ich zuerst sieben Dimensionen hatte, dann zehn, jetzt sind es zwölf. Jetzt freue ich mich besonders über diesen einen Abschluss einer Ausbildungsbegleiterin in der LiP-Lehrerbildung in der Praxis Süd. Die Lehrerin bereitet jeden Unterricht als Praxisforschungsprojekt nach diesen zwölf Dimensionen vor und sagt, da bin ich auf der sicheren Seite, da weiß ich, ich habe an alles gedacht, und danach wertet sie es aus. Auch in der LiP Nord gibt es eine ganze Reihe von Lehrern, die ihren Unterricht in diesem Sinne auffassen und danach vorbereiten und auswerten.

Dieses Forschen habe ich überall, schon mit meinen Studenten in der Uni, im Sinne von Feldforschung gemacht, um zu sehen, was zeigt uns die Realität, welche Phänomene können wir in ihr entdecken. Insofern habe ich auch in der Praxisforschung, im Englischen heißt es Action Research, einen anderen Ansatz als andere Hochschulen, die Praxisforschung als die Anwendung der Methoden der empirischen Sozialforschung auf ein vorhandenes Projekt verstehen. Sie gehen mit Befragungen und Statistiken an das Praxisfeld heran, das ist für sie die Praxisforschung. Andere nennen Praxisforschung, wenn ein Forscher das empirische Feld von außen beobachtet und analysiert.

Mein Ansatz der Praxisforschung bedeutet immer, ich erforsche selber als Praktiker meine eigene Praxis in Zusammenarbeit mit anderen. Also der Lehrer verfolgt sein eigenes Tun, indem er es reflektieren und mit anderen gegenkontrollieren kann, was er da macht. So haben wir in den drei Projektschulen mehr als 200 Praxisforschungsprojekte für individualisiertes, kooperatives, selbstverantwortliches Lernen mit dieser Methode erforscht, evaluiert und dokumentiert. Ich versuche immer, darauf zu sehen, wie werdet ihr als Lehrerinnen und Lehrer, aber auch als Schülerinnen und Schüler, wie werdet ihr zu Forschern, um nicht irgendetwas zu übernehmen, sondern eigene Erfahrungen zu machen, diese zu reflektieren und eigene Erkenntnisse zu gewinnen aus dem, was ihr da tut.

Du kennst meine Erfahrung: Aus eigener Erfahrung lernen, das ist für alle Verkünder, für die, die die Wahrheit schon haben, ein ziemlich unerträglicher Ansatz.

RdR: Das ist bedrohlich, Michael, weil du da etwas dazu bekommst, was du nicht mehr mit der Methode, die du als Verkünder hast, anwendest, also Steiner bis ins letzte Detail interpretieren. Und es kommt Neid auf, weil man das nicht hat.

Das haben wir gemerkt. Das hat auch Judith von Halle in Berlin bemerkt, die Sekretärin im Steiner-Haus, und dann hatte sie ihre Wundmale bekommen, aber dann dieser Hass, der da entsteht. Wir haben in unserem Kreis auch jemand, der schon einmal über die Schwelle gegangen ist. Der hat den Zweig verlassen müssen, weil die Zweigmitglieder das nicht ausgehalten haben, dass jemand diesen Schritt passiert. Anstatt dass man solche Menschen hält, damit sie nicht aus der Form geraten, das ist ja die Gefahr, wenn man über die Schwelle geht. Jetzt ist er schon lange bei uns, und wir können die Form halten, dass es nicht wuchert, keine Messias-Geschichte wird, wie es bei Judith von Halle passiert ist. Er ist auch Naturwissenschaftler. Sein erster Satz ist immer: Es kann auch alles falsch sein.

Ich erschrecke über diesen Neid darüber, dass ein anderer etwas hat, was man selbst nicht hat. Man hat ja sehr lange platonisch gearbeitet, um es positiv auszudrücken.

Erweiterter Wissenschaftsbegriff

MLP: Ist diese Methode, die du da hast, die Harslem-Methode oder gibt es einen wissenschaftlichen Ansatz dafür?
MH: Mit der sogenannten normalen Wissenschaft bin ich aufgewachsen, habe sie angewendet, bin aber immer wieder in Widerspruch dazu geraten. Z.B. das Modell des homo oeconomicus, auf dem so vieles aufbaut, ist doch nur ein theoretisches Konstrukt, das mit der Wirklichkeit nur wenig zu tun hat, weil die Menschen eben nicht so sind, das aber durch seine Annahmen eine Wirklichkeit beschreiben will, auf der viele andere Modelle aufbauen, die dann viele Strategien und Prognosen prägen. Ich finde, diese positivistische Wissenschaft denkt in der Regel so materialistisch, dass sie über diese Grenze nicht hinauskommt. Gut, es gibt Ausnahmen, bei den Epigenetikern, den

Quantenphysikern gibt es das durchaus. Das Action Research kommt aus den USA und ist als Praxisforschung auch hier an verschiedenen Stellen etabliert. Aber wie gesagt geht es meist darum, dass man mit empirischen Methoden das untersucht, was von anderen gemacht worden ist. Mein Ansatz ist, dass ich mir der Dimension dessen, was ich selbst tue, bewusst werde und es systematisch und nachvollziehbar erforsche. In Innsbruck gibt es Forscher, die auch den Ansatz vertreten, dass die Lehrer ihren eigenen Unterricht erforschen.

Meine Methode der Praxisforschung

MLP: Für mich hat das eine Resonanz zu dem, was Du vorher gesagt hast, wie Du auch mit Aussagen oder Texten von Steiner umgehst. Wenn Du so einen Wochenspruch liest, dann erforschst Du ja auch, was das in Dir auslöst. Das machst Du auch mit Deiner Praxis so.
MH: Darüber könnten wir länger reden, weil sich das über eine ganze Reihe von Jahren entwickelt hat. Beispielsweise, dass ich bei einem Projekt unterscheide zwischen Ziel und gewünschtem Ergebnis. Das Ziel ist immer etwas Übergeordnetes, warum ich das überhaupt mache, aber jeder wünscht sich auch ein Ergebnis dessen, was er da tut. Sich das bewusst zu machen, was ist mein Ziel und was ist das gewünschte Ergebnis, was ich dann auch anschauen kann, entdecken kann, ist wichtig. Das Ziel kann ich ja nicht im Handlungsfeld entdecken. Das gewünschte Ergebnis schon. Wenn ich mir dessen bewusst werde, dann kann ich überlegen, wo entdecke ich es denn, was ist mein Wahrnehmungsfeld, in dem ich was entdecke. Der nächste Schritt ist, wie beurteile ich das dann. Meist werden auch Indikatoren und Kriterien vermischt. Ich trenne die und sage, Indikator ist das Wahrnehmungsfeld und Kriterium ist der Maßstab, nach dem ich es beurteile.

Ein Beispiel aus der Praxis: Ich habe ein Praxisforschungsprojekt begleitet, wo jedes Lehrerteam mit seiner Klasse, den Schülern vier Wochen das machen durfte, was sie schon immer gerne machen wollten. Das habe ich auch an anderen Schulen gemacht. Es ist sehr erfolgreich, wenn die Lehrer endlich mal das tun dürfen, was sie gerne mit den Schülern machen wollen. Da haben sie in der zweiten Klasse einen Sinnesparcours gemeinsam mit den Schülern entwickelt, wo man blind über Steine und Moos und anderes geht, in Töpfe fasst, ohne sehen zu können, was drin ist, Gerüche errät und weiteres. Wir haben uns gefragt, woran merken wir, ob die Lebenskräfte der Kinder dadurch angeregt werden. Wo schauen wir hin? Also schauen wir, ob die Kinder rote Backen bekommen oder blass sind. Das war der Indikator. Wir mussten uns weiter fragen, was ist denn ein Kriterium, um zu sehen, ob es Erfolg hat, also wie rot müssen denn die Backen sein. Dann schulst du deine Beobachtung so, dass du viel mehr wahrnimmst als vorher. Du merkst auf einmal, wie sich die Ausstrahlung verändert, die Haltung verändert, die Bewegungen verändern … Das machten wir uns von vornherein klar. Während der Durchführung haben wir das beobachtet und dokumentiert und danach ausgewertet.

Dann habe ich weitere Dimension, die bei der Praxisforschung berücksichtigt werden müssen: mit welchem Menschen mache ich das, denn alle beteiligten Personen beeinflussen das Ergebnis; wie schon die Heisenbergsche Unschärferelation besagt. Der Experimentator beeinflusst durch sein So-Sein immer das Ergebnis. Und dann auch in welcher Zeit und mit welchen Methoden mache ich das, um die meist unbewusst angewandten Methoden ins Bewusstsein zu bekommen. Und dann eben danach auszuwerten, was wir da alles erlebt haben. Und dann gibt es eine weitere Dimension, die Bedingungen, Voraussetzungen zu klären, welche kann ich beeinflussen, welche nicht. Und die zwölfte Dimension, die so oft eher unter den Tisch gefallen ist, ist die Dokumentation. Wenn ich forsche, muss ich meine Ergebnisse so dokumentieren, dass sie für einen Dritten nachvollziehbar sind. Sonst ist es keine Forschung. So hat sich das bei mir nach und nach an und in der Praxis entwickelt.

Und wenn Du mich so fragst, ist es, glaube ich, eine Frucht meiner siebenjährigen wöchentlichen Beschäftigung mit der Philosophie der Freiheit in der Zweiggruppe in unserem Haus, wo wir mit der von uns etwas modifizierten Methode von Lindenau „der übende

Mensch" gearbeitet haben. Weil Steiner da so deutlich unterscheidet zwischen Wahrnehmung und Vorstellung, dass du z.b. merkst, wo bin ich in der Wahrnehmung, was ist meine Vorstellung, was ist reine Wahrnehmung, was ist reines Denken. Das ist der Untergrund, auf dem ich das entwickelt habe.

Ein anderer Bereich des Forschens sind für mich die Schriften Rudolf Steiners, z.b. die Erforschung der Wochensprüche oder der Menschenkunde. Hier ist meine Forschungsmethode die meditative Vertiefung, also Forschung durch Meditation. In der Meditation mache ich andere Erfahrungen, nähere ich mich dem Wesen der Sache in kleinen Schritten. In der laufenden Vertiefung erschließt sich das Feld immer mehr und ich bekomme neue Erfahrungen damit, Evidenzerlebnisse, die ich dann irgendwann auch in Worte fassen kann.

RdR: Mein Sohn Michele ist eher ein humanistischer Wissenschaftsgläubiger. Dem habe ich das gezeigt, und er hat gesagt, das ist ja interessant, hier ist jemand, der ganz genau sein eigenes Instrument hinterfragt, bevor er forscht. Dann sagte er aber auch – weil Du gesagt hast, warum wird das nicht anerkannt in der äußeren Forschung – und jetzt müsste man ein Forschungsprojekt aufsetzen. Das Schärfen des eigenen Bewusstseins des Forschenden und des Erforschten, das hat er darin gesehen.

MH: Das Interessante ist eben: Während du das machst, entdeckst du neue Indikatoren und hast dann neue Kriterien. Meistens werden die Kriterien ja ex post formuliert. Das ist natürlich Unsinn. Dann forsche ich nicht, sondern werte das Ergebnis nach meinen eigenen Vorstellungen aus. Wenn in Waldorfschulen Rückblicke gemacht werden, frage ich immer, und was habt ihr euch vorher zu beobachten vorgenommen? Ich muss doch wissen, was ich beobachten will, damit ich dann darauf zurückblicken kann. So viel noch zu Forschung.

Qualifizierung der Waldorflehrerinnen und Waldorflehrer

MLP: Du sprichst immer wieder von Professionalität, von Qualifizierung. Was steckt da dahinter?

MH: Das ist ein Punkt, mit dem ich Schwierigkeiten habe, seitdem ich in der Waldorfbewegung bin. Das ist die Frage der Qualifizierung. Man sagt heute auch Professionalisierung. Ist der Mensch qualifiziert genug, das zu tun, was er sich da vornimmt? Da habe ich den Anspruch, die Schüler dürfen nicht das Feld sein, in dem ein Mensch laufend menschliche Fehler machen darf. Man kann nicht alles richtig machen, aber für einen Menschen, der seine Persönlichkeit nicht richtig in der Hand hat, dürfen die Schüler nicht das Feld sein, an dem er das ausprobieren oder sogar ausleben darf. Deswegen habe ich immer sehr großen Wert darauf gelegt, dass die Menschen qualifiziert sind für die Aufgabe, die sie da haben. Das ist für Waldorflehrer, die in intensiver Beziehung zu ihren Schülern stehen, vor allem die Qualität der Persönlichkeit, die da als Vorbild wirkt – ob sie das will oder nicht, die möglichst wahrhaftige Selbsterkenntnis und die Beziehungsfähigkeit, weil sich alles Lernen auf der Beziehung aufbaut. Damit habe ich mich auch unbeliebt gemacht.

Es gab einen Fachlehrer. Das war ein netter Lehrer in seinem Fach, aber von seinem Bildungsstand her war er Elektriker, hat seinen Gesellen gemacht, hat sich dann über den Weg eines berufsbegleitenden Seminars als Fachlehrer qualifiziert und wollte dann Klassenlehrer sein. Er hatte aber durch seinen Werdegang von Literatur und allem Künstlerischen keine Ahnung, hatte kein Liedgut in sich, nichts an Gedichten. Er wollte aber ohne irgendeine Zusatzqualifizierung Klassenlehrer werden. Da habe ich mich quergestellt und gesagt, nein, so geht das nicht.

RdR: Das war ja auch unser Problem in Luxemburg. Meine Tochter war in seiner Klasse. Erste, zweite Klasse wunderbar. Vierte Klasse brach alles zusammen, und er sieht das nicht ein, aber die Eltern sehen das. Wir waren damals auch etwas dumm, es nicht sehen zu wollen.

Aufgaben von Führung in der Selbstorganisation

MH: Dann ist die Frage, wer setzt die Grenze? Das ist die Führungsaufgabe, da die Grenze zu setzen.

RdR: Du sagst da etwas ganz Wichtiges. Bei uns war das noch so: Wer am schlechtesten schreibt, wer das nicht kann, der macht das Protokoll. Die Fähigkeitsentwicklung hat sich dann als Nichtfähigkeit in der Qualität der Arbeit gezeigt. Ich bringe Fähigkeit mit, die entwickle ich und kann sie der Welt zur Verfügung stellen, ob in meiner Klasse oder in meinem Kollegium. Und ich entwickle mich damit selbst. Diese Selbstentwicklung kann ich nicht schon als Fähigkeit zur Verfügung stellen, wenn ich sie noch nicht entwickelt habe. Kannst du das teilen, geht das in die Richtung?
MH: Im Prinzip ja, ich glaube jedoch, dass Selbstentwicklung immer da ist, aber nicht unbedingt die Selbstentwicklung, die ich speziell als Lehrer brauche. Jede Individualität entwickelt sich, an unterschiedlichen Widerständen, an unterschiedlichen Bedingungen. Und die Frage ist auch hier wieder, was liegt auf deiner Spur? Bei diesem Fachlehrer war mir total deutlich, das ist nicht seine Spur, das wird verheerend, wenn er eine Klasse übernimmt.
RdR: Aber er glaubte doch, es sei seine Spur. Warum hinderst du ihn, seiner Spur zu folgen?
MH: Das ist die Frage von Selbstwahrnehmung und Fremdwahrnehmung. Ich brauche den anderen, damit er mir helfen kann, meine blinden Flecken zu entdecken, zu erkennen, anzunehmen und mich zu verändern. Das ist ja auch der Sinn aller Supervision. Warum hindere ich ihn? Weil ich von außen erkenne, was er in seiner Selbstwahrnehmung nicht erkennen kann. Weil ich wahrhaftig sein will und die Kinder schütze! Die Kinder haben Vorrang vor den Erwachsenen! Das war mein Motiv. Ich habe ihm auch gesagt, ich mag dich, ich habe persönlich kein Problem mit dir, aber dass du jetzt Kinder mit deiner Prägung so prägen willst, das kann ich nicht sehen. Er hat dann eine andere Spur gefunden, die gut zu ihm gepasst hat.

Wir hatten einen Englischlehrer, einen sehr netten, feinen Mann, der als Engländer einen wunderbaren Englischunterricht gegeben hat. Er wollte immer Klassenlehrer werden. Zu ihm habe ich gesagt, bitte werde hier nicht Klassenlehrer, solange wir als Kollegium nicht bereit sind, dass du ein englischer Klassenlehrer sein kannst. Dann trat ein Notfall ein, eine Klasse war mitten im Schuljahr verwaist. Da wurde er als Klassenlehrer eingesetzt und er ist trotz aller Bemühungen letztlich zu dem Schluss gekommen, dass er in Deutschland kein deutscher Klassenlehrer sein kann. Weil er einfach die kulturelle Prägung nicht hatte, mit diesen deutschen Kindern das zu machen, was sie an Reimen, Liedgut etc. brauchen. Er durfte das aber leider nicht auf Englisch machen. Wenn er das hätte machen dürfen, hätte er genügend Potenzial gehabt, den Kindern alles zu geben, was sie für ihre Entwicklung brauchen, weil er immer authentisch geblieben wäre. Aus meiner Sicht hätte das den deutschen Kindern auch nicht geschadet, weil sie einen authentischen Lehrer erlebt hätten und sich das von ihm genommen hätten, was sie gebraucht hätten.

Da muss man als Führungskraft in der Verantwortung für das Ganze, vor allem aber für die Schüler, immer wahrhaftig und ehrlich sein und den Spiegel der Außenwelt ernst nehmen. Sich selbst supervidieren lassen, um nicht eigenen Vorstellungen aufzusitzen. Wir hatten einen Heileurythmisten, zu dem wollte niemand mehr gehen. Die Kinder weigerten sich, die Eltern weigerten sich. Es war ja freiwillig, mit welchem unserer vier Heileurythmisten man arbeiten wollte. Aber das Kollegium wollte ihn unbedingt halten. Ich war als Unternehmer der Schule der Überzeugung, wenn niemand zu ihm will, können wir ihn nicht als Heileurythmisten beschäftigen. Ich habe versucht, mit ihm einen Auflösungsvertrag zu machen, aber er wollte nicht, er hatte Existenzangst. Doch mit einem sehr guten Juristen wurde ein Weg gefunden, sich mit dem gegnerischen Rechtsanwalt zu einigen, er hat eine Abfindung bekommen und ist gegangen.

Dann war ich in Berlin-Dahlem und habe dort die Waldorfschule begleitet. Da habe ich immer in einem kleinen Hotel gewohnt, das ein ehemaliger Schüler betrieb. Eines Abends sagt mir der Mann: Da hat jemand angerufen, der möchte Sie sprechen. Das war dieser Heileurythmist. Gut, sollte er also zum Frühstück kommen am nächsten Tag. Ich war sehr unsicher, was er wollen würde, und hatte schon Bedenken, kommen jetzt Vorwürfe. Dann kam er zum Frühstück und hat zu mir gesagt: „Ich will Ihnen danken. Ich hätte selber nie loslassen können, obwohl es in Überlingen für mich verheerend war. Jetzt bin ich hier in einem Therapeutikum. Alle schätzen mich, ich kann mich nicht retten vor Arbeit, ich bin einfach in der richtigen Situation gelandet. Und ich wollte Ihnen danken, dass Sie mir damals geholfen haben, aus der verfahrenen Überlinger Situation herauszukommen."

Wahrheitsgefühl und Augenhöhe

MLP: Was meinst du genau mit „wahrhaftig sein"?
MH: Es ist immer wieder die Frage nach dem Wahrheitsgefühl. Hast du dein Wahrheitsgefühl soweit klar und unverdorben? Hier war mir immer meine Frau ein aufmerksamer Wächter, die mich immer auf Unstimmigkeiten aufmerksam machen konnte, da sie ein sehr klares Wahrheitsgefühl hat. Das ist für mich eine ganz wichtige Frage der Selbstreflexion und der Selbstentwicklung. Denn viele Menschen haben ihr Wahrheitsgefühl durch viele kleine Ungenauigkeiten korrumpiert und können nicht mehr richtig unterscheiden, ist das jetzt wahr oder nicht. Viele halten zudem ihre Vorstellungen von etwas für die Realität. Dazu war in meinem Leben die Supervision sehr wichtig, die ich mindestens alle vier Wochen gehabt habe. Hier bin ich methodisch geführt immer so lange gefragt worden, bis ich mir selbst auf die Schliche kommen konnte. So muss ich mich immer fragen: Kannst du ehrlich mit diesem Menschen umgehen? Hast du genügend Wahrnehmungen? Bist du wirklich unbefangen und vorurteilsfrei? Hast du genügend Menschenliebe, ihn so zu akzeptieren, wie er ist? Wenn man das kann – und eigentlich müsste das jeder Lehrer entwickeln, denn er muss mit allen Schülern gleichwürdig umgehen können – da ist meine Erfahrung, ich kann mit jedem Kind auf Augenhöhe sein. Als Individualität ist es mit mir auf Augenhöhe. Es hat zwar einen anderen Entwicklungszustand im Moment, aber als Individualität ist es mit mir auf Augenhöhe, gleichwürdig.

Ich habe jetzt als Erfahrungsfeld diese zwei kleinen Kinder – vier und fünf Jahre – auf dem Bauernhof in Brixen. Das Mädchen war 73 Jahre und der Junge 74 Jahre länger in der geistigen Welt als ich. Was bringen die alles mit, was ich gar nicht mitbringen konnte vor 79 Jahren? Ich habe etwas Anderes mitgebracht. Das sind zwei hoch-

sensible Kinder, die sofort in Resonanz mit mir sind, mit denen ich mich gar nicht mit Worten unterhalten muss. Das ist ein schönes Erlebnis. Das gehört zur Hochsensibilität dazu.
Wenn ich im Flugzeug oder im Zug sitze und ein Baby mitgenommen worden ist, was jetzt da schreien muss, weil es ihm so schlecht geht, da gehe ich innerlich hin zu dem Baby und rede mit ihm: Ich verstehe dich, es ist dir alles zu viel, der Lärm, die vielen Leute, deine Eltern sind im Stress, aber du bist hier sicher, du kommst hier wieder gut raus – und dann kann es sich manchmal auch beruhigen.

RdR: Du hast den Begriff Gleichwürdigkeit von Jasper Juul genommen. Meine Tochter konnte ihn vor seinem Tod noch zwei-, dreimal sprechen und dabei muss sie auch von dem Vater erzählt haben, der bei den Anthroposophen gelandet ist, und dass sie da hin und hergerissen ist. Und Jasper Juul hat gesagt, freue dich, denn zu dieser Dimension habe ich nie einen Bezug gefunden, und das bedauere ich. Doch aus diesem humanistischen Ansatz hatte ich oft den Eindruck, dass er auf sie inspirierend gewirkt hat. Die Dimension der Anthroposophie war ihm nicht gegönnt in dieser Inkarnation. Ist ja auch eine beeindruckende Biografie, wenn man schaut, was er geleistet hat, wie er sich verändert hat, wie er seine Dinge geändert hat.

Qualifizierung von Führung

MLP: Du hast die Qualifizierung angesprochen. Da ging es erst einmal um den Lehrerberuf. Was leitest du da für Schulführung oder Entwicklungsbegleitung ab? Wir wählen ja häufig Menschen in die Schulführung, die erst einmal überhaupt keine Qualifizierung in dieser Funktion haben.

MH: Das ist ja das Schlimme. Seitdem ich im Bundesvorstand war – vor 33 Jahren bin ich in den Bundesvorstand gekommen – habe ich dafür gekämpft, dass wir nicht nur ein Beratungsinstitut im Bund haben sollten, mit dem wir den Schulen helfen, an verschiedenen Entwicklungsfragen professionell zu arbeiten, sondern dass wir auch so etwas wie eine Führungsakademie einrichten sollten, in der wir gezielt Menschen ausbilden für Leitungsaufgaben, für Schulleitung, für Personalführung, für Konferenzleitung, als Gründungslehrer, als Geschäftsführer. Diese brauchen alle eine zusätzliche Qualifizierung, denn sie müssen verstehen, wie ein erwachsener Mensch, wie eine ganze Organisation sich entwickelt und können nicht nur Lehrer sein. Aber es gab keine Resonanz dafür.

Deshalb habe ich die Beraterausbildung, die Entwicklungsbegleiter-Ausbildung dann ab 1996 bis 2005 mit drei Kursen selber gemacht und 2000 die Akademie für Entwicklungsbegleitung als gemeinnützigen Träger dafür gegründet. Der Bund überlässt das den kommerziellen Beratungsunternehmen und möchte da nicht selbst tätig werden, um sich nicht in Konkurrenz dazu zu begeben. Deswegen gibt es jetzt eure Führungsschulungen im Norden und im Süden und die verschiedenen anderen Angebote von GAB, WzQ, IMO, Mira, Krampen und anderen.

Im Prinzip habe ich da nichts dagegen, denn die Vielfalt der Ansätze ist gut, aber ich finde immer noch, dass diese Fortbildung eigentlich eine Gemeinschaftsaufgabe der Schulbewegung wäre. Jetzt aktuell ist mir das wieder begegnet, als der Ausbildungsrat des Bundes Christian Boettger und mir untersagt hat, einen 4. Kurs für Seminarbegleiter durchzuführen, obwohl es dringenden Bedarf dafür gibt. Das Gleiche habe ich ja mit dem ersten Versuch der Lehrerbildung in der Praxis erlebt, der auf ganz erheblichen Widerstand gestoßen ist.

Jetzt tummeln sich alle möglichen gutwilligen Lehrerinnen und Lehrer – in der Regel ohne eine Qualifizierung dafür – in diesen Führungsaufgaben, sind dafür mehr oder minder gut geeignet. Aber die Grundqualifizierung für Führungsaufgaben ist eben, dass ich meine Persönlichkeit dafür weiterentwickle, meine Haltungen weiterentwickle und auch die Instrumente kenne, mit denen ich umgehen muss, dass ich eine wirklich neue Führungskultur entwickle und dass dabei Selbstlosigkeit gefragt ist. Wer nicht selbstlos sein kann, darf in keine Führungsposition! Deswegen sage ich immer, wer z. B. in den Vorstand will, der darf da nicht rein! Du musst einen hereinnehmen, der keine Macht haben will. Sobald Menschen Macht haben wollen, sind sie in Führungspositionen in der Waldorfschule meiner Meinung

nach falsch. In der Industrie und der heutigen Wirtschaft wie in der Politik ist das etwas anderes, aber das ist nicht unser Feld. Aber in selbstorganisierten Unternehmen ist es ja auch so, dass die Führung die am meisten dienende Rolle im ganzen Unternehmen hat. Um in der Waldorfschule selbstlos führen zu können, muss ich zutiefst innerlich mit dem Impuls der Waldorfschule verbunden sein. Wenn ich das nicht bin, habe ich kein Motiv für die Selbstlosigkeit. Selbstlosigkeit braucht immer ein Motiv im anderen Menschen und in der Sache.

RdR: Wir haben gestern schon darüber gesprochen, wie sich das, was Sicom* anbietet, erweitern wird. Das ist ein schöner Begriff, diese Führungsakademie. Wir haben jetzt eine Führungswerkstatt, die hat sich immer erweitert. Wir hatten einige Führungswechsel. Menschen merken, dass sie am falschen Platz sind. Das empfinden wir als Begleiter als Erfolg, obwohl es ein persönlicher Misserfolg ist. Aber das ist ja eben kein Misserfolg für den sozialen Organismus.

* 2021 wurde Sicom eG gegründet. Sie soll die Plattform sein für die aktiven Entwicklungsbegleiterinnen und -begleiter. Momentan bietet sie vor allem Fortbildungen an. Über eine „Führungs-Akademie" wäre nachzudenken.

Bei euch, Magdalena, kam ja kaum einer in eure Leitungsdelegation, der nicht mindestens die Führungswerkstatt gemacht hat. Merkt ihr da einen Unterschied? Oder anders gefragt, was würde fehlen? Ich habe mich dafür eingesetzt, dass wir dieses Substanzmodul hinzufügen, weil das würde ja in die Richtung gehen, darauf hinzuweisen, dass da die Führung übernommen wird für etwas, das mehr ist als die bloße Organisation eines Betriebes. Merkt ihr das an den Menschen?

MLP: Als wir das erste Mal eine Schulleitung hatten, in der ausschließlich Menschen waren, die mindestens in der Führungswerkstatt waren, haben wir das sehr stark gemerkt. Da war, was Du unter Führungskultur gerade gemeint hast, so ein gemeinsames Bild und auch eine gemeinsame Sprache. Das sind eher die Instrumente, die Du jetzt benannt hast. Über die Instrumente, die ihr uns gegeben habt, hatten wir ein gemeinsames Bild im Kopf oder ein gemeinsames Führungsideal, auch wenn wir häufig gar nicht da herangekommen sind. Aber dieses ideelle Bild ist schon sehr hilfreich. Das würde ich auf jeden Fall sagen. Das führt aber nicht dazu, dass jetzt die Besetzung der Schulführung leichter geworden ist. Wir sind wieder in der Situation, dass wir keine vierte Person finden. Was wir als Trend bezeichnet haben: Wir haben gar nicht mehr das Problem, dass wir die Schulführung verkleinern müssen, sondern ob wir sie in der bisherigen Größe halten können.

MH: Warum müssen das vier sein? Zwei oder drei genügen aus meiner Sicht.

MLP: Wir hatten schon mal reduziert auf vier Menschen aus Kollegium und Geschäftsführung. Die erste Verkleinerung von der großen Schulführungskonferenz war auf sechs Personen. Natürlich können wir das mit zwei Leuten machen, aber dann müssen die freigestellt werden …

MH: … und dann können die endlich richtig arbeiten.

MLP: Das haben wir schon bei vier Leuten gemerkt, dass die dann richtig arbeiten können. Aber aktuell finden wir diese vierte Person nicht. Wir können auch mit dreien arbeiten, die müssten dann weiter entlastet werden. Aber das wäre etwas, das man ja erst einmal beschließen muss.

Verbindung mit dem Christus-Impuls

MH: Was ich noch anschließen wollte, dieses Selbstlose ist für die Führung ebenso wichtig wie die Wahrhaftigkeit. Da bin ich wieder bei Steiner darauf gestoßen. Während der Coronazeit haben wir, meine Frau und ich, jeden Tag auch länger lesen können. Ich weiß nicht, in welchem Vortrag das ist, ich glaube in „Wie finde ich den Christus?". Da beschreibt er die drei Dimensionen, wie man den Christus in sich erleben kann. Erstens, wenn du Probleme bekommst mit der Unwahrheit, dann spricht der Christus in dir. Das Zweite, wenn du selbstlos bist, dann wirkt der Christus in dir. Und das Dritte ist, wenn du gesund bist. Steiner ist nicht müde geworden zu sagen, wir müssen den Christus neu verstehen als Kraft, die hier auf der Erde in jedem einzelnen Menschen wirksam ist bzw. sein kann.
MLP: Das ist Körper-Seele-Geist-Verteilung.
MH: Genau. Ich bin der Weg, die Wahrheit und das Leben. Es gibt da so viele Sachen, die da zusammenkommen. Das als real zu nehmen und dass wir uns mit diesen Kräften verbinden und daran anschließen können, das finde ich so wichtig. Das muss man neu erfahren, weil für viele der Christus-Begriff so stark kirchlich besetzt ist oder gar nicht zugänglich. Vielleicht muss man den Begriff Christus erst einmal weglassen und die Wirkung dieser geistigen Kraft wirklich an der Wahrhaftigkeit festmachen, an der Selbstlosigkeit, an der Salutogenese, um sie wirksam werden zu lassen.
RdR: Was ist, wenn sich Wahrhaftigkeit mit Sturheit verbindet?
MH: Das ist nicht mehr Wahrhaftigkeit.
RdR: Ich denke an den nächsten Menschen, Magdalena, der in eure Schulleitung kommt. Den ich hoch schätze, der diese Selbstlosigkeit hat, glaube ich, aber dem es durch Sturheit nicht gelingt, in seiner Wahrhaftigkeitsspur zu bleiben. Ich erlebe ihn auch als wahrhaftig, er kann nicht anders, aber er ist stur.
MH: Wenn ich dich da höre … es fehlt eine weitere Dimension für Führung, nämlich Menschenliebe. Als Führung musst du wirklich ein erhöhtes Maß an Menschenliebe entwickeln, weil du so viele Schwächen präsentiert bekommst von deinen Mitmenschen. Damit liebe-

voll umzugehen, das ist Führungsaufgabe. Sobald du stur oder hart wirst, kannst du nicht mehr richtig führen. So wie jeder Waldorflehrer, weil er auch Kinder in der Klasse hat, die ihm nicht liegen, und deswegen mehr Liebe braucht, um die auch annehmen zu können, auch wenn sie ihm nicht liegen. Wenn sie ihm liegen, ist es ja einfach.

Grenzen setzen und persönliche Freiheit

MLP: Ich erlebe den Menschen, von dem du sprichst, schon als Mensch mit viel Menschenliebe. Aber bei dem Beispiel, das du vorhin genannt hast, würde er völlig überfordert sein als Führender. Er hätte die Menschenliebe den Kindern oder dem Fachlehrer gegenüber. Wer bin ich, dass ich diesem Fachlehrer sage, wo seine Spur ist?

MH: Ich sage ihm ja nicht, wo seine Spur ist, sondern ich sage ihm bloß, wo ich seine Grenze sehe, wo er nicht die Spur für diese Aufgabe hat, wo ich diese eine Spur nicht zulassen kann wegen der Kinder oder wegen der Menschen, für die er eine Führungsaufgabe übernimmt. Aber das ist ja Menschenliebe, dass ich ihn nicht in etwas hineinrennen lasse, wo ich die Erfahrung mit ihm habe und genau sehe, dass es nicht gut sein wird. Und wenn es für die Kinder nicht gut wird, wird es auch für den Lehrer nicht gut. Wenn er mit seiner Führungsaufgabe überfordert und im Stress ist, tut das den anderen, aber auch ihm selbst nicht gut.

RdR: Das ist auch dieser falsch verstandene Karma-Begriff. Es sind äußere Bedingungen, die zeigen, dass er an der falschen Stelle ist. Es sind vielleicht auch innere Bedingungen, aber die äußern sich im Außen. Dadurch kann ich eingreifen.

    Da fand ich eine Erzieherin, die Messi war, dann hat das Kollegium sich schwergetan, ihr zu kündigen. Ich habe gesagt, dann schaut doch nicht auf die Person, das ist ja nicht eure Frage, sondern wie geht es den Kindern, wenn sie eine solche Person dauernd um sich haben, die pedantisch ist, die wirklich Exzesse betreibt mit den Kindern; das ist nicht gesund. Das ist die Dimension. Das kommt oft vor, was du jetzt beschrieben hast, dass ich das Innere und das Äußere nicht trennen kann. Dadurch greife ich nicht ein, weil ich glaube, jetzt greife ich in dessen Karma ein. Ich bemerke nicht, dass ich auch in das Karma hineinwirke, wenn ich den da nicht herausnehme, wenn ich ihm nicht sage, du bist hier nicht am richtigen Platz, nicht, weil du falsch bist, sondern deine Leistung ist nicht in Ordnung. Das wäre doch die innere Haltung.

MLP: Das bedeutet ja auch, in die Freiheit des anderen einzugreifen.

RdR: Auch hier gibt es einen falschen Begriff von Freiheit. Ich habe da nicht die Freiheit zu verteidigen, sondern ich habe die Wertschöpfung zu verteidigen. Das wäre wie in einer Druckerei, die Tag für Tag das falsche Buch ausdruckt, und ich würde sagen, ich greife nicht in deine Freiheit ein. Wenn man ein guter Arbeitgeber ist wie der Chef der Druckerei, dann schickt er ihn in die Verpackung. Wenn er ein sehr guter ist, hat er irgendwann alle sieben Abteilungen durch, und dann schmeißt er ihn doch raus. Er hätte ihn ja auch von Anfang an rauswerfen können. In der Wirtschaft ist das viel klarer. Die vermischen das nicht. Aber das hat mit unserem Familiären zu tun: Das kann ich doch dem Menschen nicht antun, der hat doch Kinder …

MLP: Im Übrigen glaube ich, dass man als Mensch sowieso, aber noch mehr als Mensch in Führung sich der Karmaentwicklung zur Verfügung stellen muss. Wie du das von dem Heileurythmisten erzählt hast: Ich empfinde das so, dass du dich zur Verfügung gestellt hast, damit er seinen Weg finden kann.

MH: Ich habe das damals noch nicht so bewusst gemacht, sondern auf die Situation, auf das Leben geschaut, was die Heileurythmie braucht und gemerkt, das passt nicht zusammen und gewusst, wenn ich wahrhaftig bleiben will, muss ich da als geschäftsführender Vorstand eingreifen. Für mich ist das Menschenliebe, den anderen nicht im Falschen weitermachen zu lassen, auch wenn er es im Moment noch nicht sehen kann, aber das Leben es schon deutlich zeigt. Von außen wird eben oft mehr gesehen, als man für sich selbst sieht. In meiner kleinen Hofschule auf dem Gaisberg, meinem Lernforschungsprojekt mit Bilddenkern, habe ich das dann viel bewusster und konsequenter angewendet. Die Kinder haben mir immer sehr deutlich gezeigt, wer mit ihnen gut umgehen konnte und wer nicht. So habe ich einige Lernbegleiter gleich ausgewechselt, sobald die Gruppe durch sie immer wieder in Stress kam. Es hieß von einem dann, warum ich die Kinder wichtiger nähme als ihn.

RdR: Als der Pfarrer mich mit 14 als Messdiener rauswarf und mir nicht mehr erlaubte, zur Kommunion zu gehen, weil ich an der Unfehlbarkeit des Papstes zweifelte, da war ich damals trotzig und habe gesagt, dann behalte deinen Dreck. Aber er war vielleicht einer der wesentlichsten Orientierer meines Schicksals. Sonst wäre ich wahrscheinlich katholisch, und ich wäre da geblieben. Dann bin ich durch meine asiatische Phase durch und zur Anthroposophie und der Waldorfschule gekommen.

MLP: Der hat dir sicher keine Blumen geschenkt, als du ihm das gesagt hast,

RdR: Aber ich kann im Rückblick sagen, wäre ich da hängengeblieben, was hätte das mit mir gemacht.

MLP: … „In seiner Spur sein".

RdR: Das fand ich das durchgängigste Motiv. Den Individualismus so in sich zu tragen, dass das innerste Anliegen ist, dass jeder Mensch in seine Spur kommt und in seiner Spur bleibt. Und er selbst das entscheidet. Was wir bei den Heilerlebnissen gesehen haben, ist kein Eingriff in diese Spur, sondern eher die Ermöglichung dieser Spur. Indem wir nicht auf die Individualität schauen, sondern auf die Leistung und Wirkung in der Aufgabe, die dieser Mensch hat.

MH: Ich muss immer auf das Leben schauen. Das Leben zeigt mir, was richtig ist, nicht meine Vorstellung davon. – Vielen Dank für euer Zuhören. Ich bin zwar innerlich verschiedene Sachen durchgegangen, habe mich aber eigentlich nicht vorbereitet …

RdR: … was eher gut ist …

MH: … um da nicht schon irgendwas vorzudenken. Was kommt, das kommt. Über Nacht sind mir noch diese Punkte gekommen, die ich heute angesprochen habe. Für mich war es gut, schön mit euch.

RdR: Für mich kommt eine tiefe Zufriedenheit. Ich habe von Robert Seethaler den Roman „Ein ganzes Leben" gelesen, den ich sehr schätze. Der Protagonist, der rein äußerlich nicht viel erlebt hat, sagt am Ende seines Lebens, ich hatte doch ein ganzes Leben. Da ist mir deutlich geworden, es ist immer für jeden Menschen ein ganzes Leben. Das fand ich so zufriedenstellend. Wenn du jetzt so eine differenzierte Biografie hörst, besonders die professionelle Seite deiner Biografie anschaust, merkt man, wie schön das ist, wie nichts umsonst ist. Wo du hineingeboren wirst, was du als Säugling und Kind erlebst, was du studierst – alles hat seinen Sinn. Aber das kannst du erst erkennen, wenn du alt geworden bist.

MLP: Für mich war es ein wirklich großes Geschenk, Michael, in dein Leben eintauchen zu dürfen.

Anmerkungen:

1) Günther Karner, Friedrich Glasl: Gartengespräch über Entwicklung, Stuttgart 2021
2) Rudolf Steiner: Die Geheimwissenschaft im Umriss (GA 13)
3) Rudolf Steiner: Geisteswissenschaftliche Grundlagen zum Gedeihen der Landwirtschaft. Landwirtschaftlicher Kursus, Koberwitz, 1924 (GA327)
4) Rudolf Steiner: Wie erlangt man Erkenntnisse der höheren Welten? (GA 10)
5) Coenrad van Houten: Erwachsenenbildung als Willenserweckung, 4. A. Stuttgart 2018
6) Frederic Laloux: Reinventing Organizations, München 2017
7) Rudolf Steiner: Erziehung und Unterricht aus Menschenerkenntnis (GA 302a)
8) Rudolf Steiner: Allgemeine Menschenkunde als Grundlage der Pädagogik (GA 293)
9) Christof Lindenau: Der übende Mensch,
10) Rudolf Steiner: Allgemeine Menschenkunde. Methodisch-didaktisches Seminar. Studienausgabe, Basel 2019
11) Rudolf Steiner: Christus und die menschliche Seele (GA 155)
12) Rudolf Steiner: Nebenübungen, 7.A. Basel 2022
13) Rudolf Steiner: Mein Lebensgang (GA 28)
14) Christian Morgenstern: Wir fanden einen Pfad, München 1914
15) Rudolf Steiner: Die Kernpunkte der sozialen Frage (GA 23)
16) Rudolf Steiner: Die geistig-seelischen Grundkräfte der Erziehungskunst (GA 305)
17) Caroline von Heydebrand: Vom Lehrplan der Freien Waldorfschule, 11. A. Stuttgart 2009
18) Rudolf Steiner: Die Kernpunkte der sozialen Frage (GA23)
19) Rudolf Steiner: Anthroposophischer Seelenkalender (GA 40)

Die Autoren:

Michael Harslem, geboren 1944, Dipl.-Ing. Architektur und Stadtplanung, 5 Jahre Politikforschung an der Uni Konstanz, 20 Jahre Oberstufenlehrer für Geschichte, Sozialkunde, Architektur und geschäftsführender Vorstand der Freien Waldorfschule. in Überlingen, seit 1986 nebenberuflich, ab 1994 freiberuflicher Entwicklungsbegleiter vor allem von Waldorfschulen, Waldorfkindergärten, selbstorganisierten berufsbegleitenden Waldorflehrer-Seminaren, LiP-Lehrerbildung in der Praxis Nord und Süd, seit mehr als 20 Jahren Fortbildungswochen für Waldorfgeschäftsführer, Arbeit mit hochsensiblen Kindern und deren Eltern und mit hochsensiblen Erwachsenen

Raymond di Ronco war seit 1975 Lehrer und 1984 Mitbegründer der Waldorfschule in Luxemburg. 1993 bis 2001 war er Klassenlehrer an der Rudolf-Steiner-Schule Villingen-Schwenningen. Er absolvierte die erste Ausbildung zum Entwicklungsbegleiter für Waldorfschulen bei Michael Harslem. Seit 2001 war er selbstständig als Entwicklungsbegleiter hauptsächlich in anthroposophisch ausgerichteten Einrichtungen und Unternehmen sowie NGOs tätig. Er war Vorstandsmitglied der Sicom-Genossenschaft, die er 2021 mit anderen als Nachfolgeorganisation der Akademie für Menschen und Organisationen e. V. gründete. Am 31. März 2024 ist Raymond di Ronco gestorben.

Magdalena Linnepe-Palm, geboren 1974, unterrichtet seit 2004 Deutsch, Geschichte und Sozialkunde an der Freien Waldorfschule Kleinmachnow. Sie war Mitglied in Leitungsgremien so wie im Vorstand des Trägervereins. 2018-2022 absolvierte sie den 5. Ausbildungsgang der Akademie für Entwicklung von Menschen und Organisationen zur Entwicklungsbegleiterin. Seit 2021 berät sie verschiedene Organisationen im schulischen und außerschulischen Bereich in Organisations-, Führungs- und Konfliktfragen. Ein besonderer Schwerpunkt ihrer Tätigkeit ist die Begleitung von Teams. Sie ist Mitglied der Sicom Entwicklungsbegleitung eG.

In Zusammenarbeit mit der Akademie für Entwicklungsbegleitung von Menschen und Organisationen e. V.
www.entwicklungsbegleitung.net

Mit freundlicher Unterstützung der Druckerei Thieme Meißen GmbH
www.druckereithieme.de

1. Auflage 2024

© Verlag am Goetheanum
CH – 4143 Dornach
www.goetheanum-verlag.ch

Fotos: S. 18: Schule Schloss Stein e. V.;
S. 40/41: Lars Zander;
alle übrigen: Johannes Harslem

Layout und Satz: Goscha Nowak

Druck: Druckerei Thieme Meißen

ISBN: 978-3-7235-1759-8